本著作获 西安财经大学学术著作出版 / 西安财经大学现代管理决策与对策研究中心 资助

多元化供应链协同管理一体化研究

Duoyuanhua Gongyinglian Xietong Guanli Yitihua Yanjiu

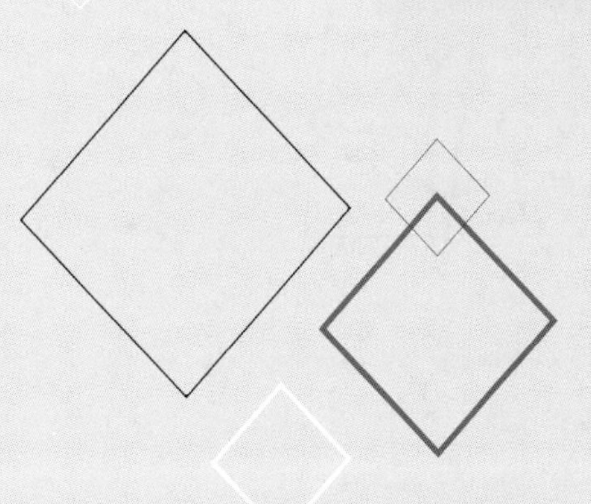

郝丽 郝新军 石鑫 著

中国财经出版传媒集团
经济科学出版社
Economic Science Press

图书在版编目（CIP）数据

多元化供应链协同管理一体化研究/郝丽，郝新军，石鑫著.—北京：经济科学出版社，2020.5
ISBN 978-7-5218-1585-6

Ⅰ.①多… Ⅱ.①郝… ②郝… ③石… Ⅲ.①供应链管理-研究 Ⅳ.①F252.1

中国版本图书馆 CIP 数据核字（2020）第 087230 号

责任编辑：周胜婷
责任校对：隗立娜
责任印制：邱　天

多元化供应链协同管理一体化研究
郝　丽　郝新军　石　鑫　著
经济科学出版社出版、发行　新华书店经销
社址：北京市海淀区阜成路甲 28 号　邮编：100142
总编部电话：010-88191217　发行部电话：010-88191522
网址：www.esp.com.cn
电子邮箱：esp@esp.com.cn
天猫网店：经济科学出版社旗舰店
网址：http://jjkxcbs.tmall.com
固安华明印业有限公司印装
710×1000　16 开　11.25 印张　200000 字
2020 年 5 月第 1 版　2020 年 5 月第 1 次印刷
ISBN 978-7-5218-1585-6　定价：62.00 元
（图书出现印装问题，本社负责调换。电话：010-88191510）

前　言

自2013年德国弗劳恩霍夫协会率先提出工业4.0以来，智能制造、智能工厂和智能物流的观念日益深入，在这一波工业革命浪潮中全球制造业领军企业飞速升级。而物流作为一个将行业串联起来的重要因素，其伴随着工业4.0的逐步推进也面临着向物流4.0发展的趋势。中国在借签德国物流发展趋势的基础上，结合中国特色国情和经济发展提出了《中国制造2025》。在中国市场中，工业4.0和物流设备技术的创新是目前急需重视的薄弱环节，与发达国家相比，绿色物流一直是我国需要不断改进的核心，智能物流发展离不开高科技、人工智能等技术的支撑，商业的灵活性与个性化定制产品的有机结合是目前中国大型物流公司和电子商务公司面临的主要挑战，同时复合型供应链人才培养，大数据平台构建都对当代供应链企业提出新要求，该理念带给我们更多的还是现代多角度的新管理方式和思维方式。在物流发生日新月异变化的同时，制造业和销售业如何能顺应时代变化完成转型升级，对于供应链上每个成员来说都是机遇与挑战。制造型企业和供应链管理服务平台的有机融合，供应链和制造业、销售业、金融业的有机融合，可以进行优势互补，促进供应链各成员间的多方共赢，构建物流产业的全球化布局，扩充新据点同时加速技术创新，包括云平台、物联网、大数据等。

我们处于一个“数字化、智慧化”等供应链协同管理的新时期，随着大数据、人工智能、云计算、物联网、车辆网等科技手段的创新，多元化的供应链协同管理成为可能，为了使供应链各节点企业之间保持有效协调，保证供应链上人流、物流、资金流、信息流等高效运转，供应链的信息化、绿色化、网络化、智能化成为当今供应链企业面临的重大机遇与挑战，如何在新的社会潮流中立于不败之地，需要供应链企业多元化的协同管理思想。

笔者从事供应链管理方面的研究已经有9年多时间，在供应链管理理论和实践方面都有所涉及，发现多元化的供应链协同管理是最近几年新兴发展领域，其发展迅猛而且增速加快，但是中国作为供应链行业的新兴国家，与发达国家相比还有很大差距，如基础设施不完善，智能化、标准化水平发展不够，缺少对绿色供应链的重视程度，同时线上、线下信息孤岛，国内供应链人才短缺，等等。因此，笔者收集大量国内外文献资料、相关企业案例和数据资料，从信息化角度、绿色化角度、网络化角度、智能化角度、供应链融合发展等多方面对供应链各节点企业进行系统协调，探究为企业降低成本和提高效益的战略决策和方法，以期能够向读者“授之以渔”。

本书主要的目标读者是广大供应链管理专业的专科生、本科生和研究生，也可供广大供应链企业决策者和政府部门工作者参阅。另外，本书具有较强的针对性，读者可以根据自己的需要选择书中的某一篇章进行阅读，以帮助其解决实际工作中遇到的供应链战略风险决策问题，为政府和企业各主体部门提供有意义的理论和实践参考。

本书得到西安财经大学2019年学术著作出版资助以及西安财经大学现代管理决策与对策研究中心资助，在此特向学校表示感谢。还要感谢郝新军副院长和石鑫老师对本书关于供应链方面知识点的指导。本书在编写过程中参考了大量的文献，这些文献都是其作者细致研究和智慧的结晶，在此一并向这些文献的作者表示感谢。由于笔者水平有限，对本书所涉及的先进理念理解还不是十分透彻，再加上供应链协同管理的实践在我国才刚刚起步，协同管理一体化平台的建设还不十分完善，运作经验十分有限，因此本书中的瑕疵和疏漏在所难免，真诚希望广大专家和读者批评指正、不吝赐教。

郝　丽

2019年11月

目　　录

第 1 章

导　　论

1.1 供应链管理概念

供应链（supply chain）就是包括信息流在内的从原材料阶段直到最终用户的商品流通和递送的所有活动，物料和信息贯穿于供应链始终。供应链包括管理系统、操作和组装、采购、生产计划、订单加工、库存管理、运输、仓储和客户服务。供应链是连接供应商和客户的基础。每个客户依次是其下游企业的供应者，直到最终产品到达最终用户。

供应链管理（supply chain management，SCM）就是指在满足一定的客户服务水平的条件下，为了使整个供应链系统成本达到最小而把供应商、制造商、仓库、配送中心和渠道商等有效地组织在一起来进行的产品制造、转运、分销及销售的管理方法。供应链管理包括计划、采购、制造、配送、退货五大基本内容。它是通过完善供应链联系将所有活动整合的过程，以此取得稳定的竞争优势（马士华，2010）。

供应链管理的实质兼顾了需求与供应。链上每一个环节都含有“供”和“需”两方面的含义。例如，零售商是客户的供方，又是批发商的需方；批发商是零售商的供方，但又是生产制造商的需方；制造商的销售部门是市场的供方，又是采购部门的需方；采购部门是生产部门的供方，又是供应商的需方。

计划是 SCM 的策略性部分。你需要有一个策略来管理所有的资源，以满足客户对你的产品的需求。好的计划是建立一系列的方法监控供应链，使它能够有效、低成本地为顾客递送高质量和高价值的产品或服务。

采购是指选择能为你的产品和服务提供货品和服务的供应商，与供应商建立一套定价、配送和付款流程并创造方法监控和改善管理，并把对供应商提供的货品和服务的管理流程结合起来，包括提货、核实货单、转送货物到你的制造部门并批准对供应商的付款等。

制造是指安排生产、测试、打包和准备送货所需的活动，是供应链中测量内容最多的部分，包括质量水平、产品产量和工人的生产效率等的测量。

配送，也称为物流，是指调整用户的定单收据、建立仓库网络、派递送人员提货并送货到顾客手中、建立货品计价系统、接收付款的工作。

退货属于供应链中的问题处理部分。建立网络接收客户退回的次品和多余产品，并在客户应用产品出问题时提供支持。

现代商业环境给企业带来了巨大的压力，不仅仅是销售产品，还要为客户和消费者提供满意的服务，从而提高客户的满意度，让其产生幸福感。顾客就是上帝，没有他们，企业就不能生存；一切计划都必须围绕挽留顾客、满足顾客进行（冯国经，2009）。要在国内和国际市场上赢得客户，必然要求供应链企业能快速、敏捷、灵活和协作地响应客户的需求。面对多变的供应链环境，构建幸福供应链成为现代企业的发展趋势。

1.2 供应链协同管理概念

供应链协同管理概念是在供应链管理概念的基础上演变而来的，目前没有统一标准的概念定义，本书对供应链协同管理的概念定义如下：供应链协同管理就是供应链中的信息流、物流、资金流、人流等能够畅通无阻地运行，实现信息及时共享，保障供应链各节点企业高效运作衔接。供应链协同管理的目的就是通过协同化的管理策略使供应链各节点企业减少冲突和内耗，更好地进行分工与合作。要实现供应链的协同运作，供应链各节点企业必须树立“共赢”的思想，为实现共同的目标而努力。必须建立公平公正的利益共享与风险分担的机制；必须在信任、承诺和弹性协议的基础上进行广泛深入的合作；必须搭建基于 IT 技术的信息与知识共享平台，实现及时相互沟通；必须进行面向客户和绿色协同运作的业务流程再造。

企业供应链管理就是运用供应链管理的指导思想对上述“四流”所进行的规划、组织和控制活动，即对生产过程中的物流，管理过程中的信息流以及决策协调过程中人流、资金流进行控制和协调。因而供应链管理的主要内容可以归纳为以下几点（霍家震，2004；骆温平，2002）：

（1）供应链网络结构设计（即供应链物理布局的设计），具体包括：供应链伙伴选择、物流系统设计。

（2）集成化供应链管理流程设计与重组，具体又分为：

①各节点企业内部集成化供应链管理流程设计与重组，主要包括三大核心作业流程的设计与重组：

- 客户需求管理流程，如：市场需求预测、营销计划管理、客户关系管理；
- 客户订单完成管理流程，如：生产计划与生产作业管理、新品研发计划管理、物料采购计划管理、品质管理、运输与配送计划与作业管理、资金管理；
- 客户服务管理流程，如产品售前、售中、售后管理；客户退货管理。

②外部集成化供应链管理流程设计与重组：供应链核心主导企业的客户订单完成管理流程与其原材料供应商、产成品销售商、物流服务提供商（物流外包商）等合作伙伴管理流程之间的无缝对接。

③供应链交互信息管理：市场需求预测信息、库存信息、销售信息、新品研发信息、销售计划与生产计划信息等的交互共享，以及供应链各节点企业间的协同预测、计划与补给的库存管理技术等。

（3）供应链管理机制的建设：合作信用机制、协商机制、绩效评价与利益分配机制、激励与约束机制、监督预警与风险防范机制等。

1.3 多元化供应链概念演化

自2013年德国弗劳恩霍夫协会率先提出工业4.0以来，智能制造、智能工厂和智能物流的观念日益深入，在这一波工业革命浪潮中全球制造业领军企业飞速升级。而物流作为一个将行业串联起来的重要因素，伴随着工业4.0的逐步推进也面临着向物流4.0发展的时代要求（如表1－1）。中国在借鉴德国物流发展趋势的基础上，结合中国特色的国情和经济发展水平提出了《中国制造2025》（喜崇彬，2015；陈方建，2014）。在中国市场中，工业4.0和物流设备技术的创新是目前需要重视的薄弱环节，而与发达国家相比，绿色物流一直是我国需要不断改进的核心，智能化物流的发展离不开发达的信息和网络技术，商业的灵活性与个性化定制产品的有机结合是目前中国大型物流公司和电子商务公司面临的主要挑战，该文件带给我们更多的还是供应链管理的创新和优化，尤其是用现代多角度的新管理方式和思维方式来指导我们的行动。在物流发生日新月异变化的同时，制造业和销售业如何能顺应时代变化完成转型升级，对于供应链上每个成员来说都是机遇与挑战并存。制造型企业和供应链管理服务平台公司的有机结合，可以进行优势互补，供应链管理服务平台公司能够辅助制造型企业在新的点设计新的工厂，可以实现快速送达，有效快速去掉过剩库存，将库存降到最低，促进整个供应链的协同管理。更深层次上讲，可以促进供应链各成员间的多方共赢，促进构建全球化布局，扩充新据点同时加速技术的创新，包括云平台、物联网、大数据等，无论在德国还是中国，物流占据了几乎 40% 的生产活动（工控新闻资讯，2017），因此物流是工业 4.0 革命的核心，可以说工业 4.0 时代就是物流 4.0 时代。

表 1－1　　工业 4.0 到物流 4.0 时代的演化

工业发展趋势	特点	物流发展趋势	特点
工业 1.0	蒸汽动力代替人力	物流 1.0	机械化简单位移，粗放式管理和经营阶段
工业 2.0	电力的出现，生产开始流水线作业	物流 2.0	集群化，企业间集结成群，打造竞争优势
工业 3.0	PLC 的出现使得设备自动化程度大幅度提高	物流 3.0	信息化、自动化、“互联网＋”发展阶段，拼模式、服务、综合实力
工业 4.0	基于信息物理系统实现智能制造	物流 4.0	数据化、智能化

我国物流业的发展也是突飞猛进，图 1－1 说明了中国物流成本占 GDP 的比率趋势，可以看出随着第三产业经济的发展，我国物流成本也在不断减少，体现出我国物流结构布局的不断升级，也预示着中国物流发展的国际化水平不断提升。2014 年，国务院印发了《物流业中长期发展规划（2014—2020）》，把大力发展物流产业作为基础性工作，提出了部署加快现代物流业发展，建立和完善现代物流服务体系，提升物流业发展水平。确定了多式联运、物流园区、农产品物流、制造业物流与供应链管理等 12 项重点工程。提倡商贸物流企业开展供应商管理库存（VMI）、准时配送（JIT）等高端智能化服务，鼓励推广共同配送、统一配送、集中配送等先进模式，提升第三方物流服务水平。

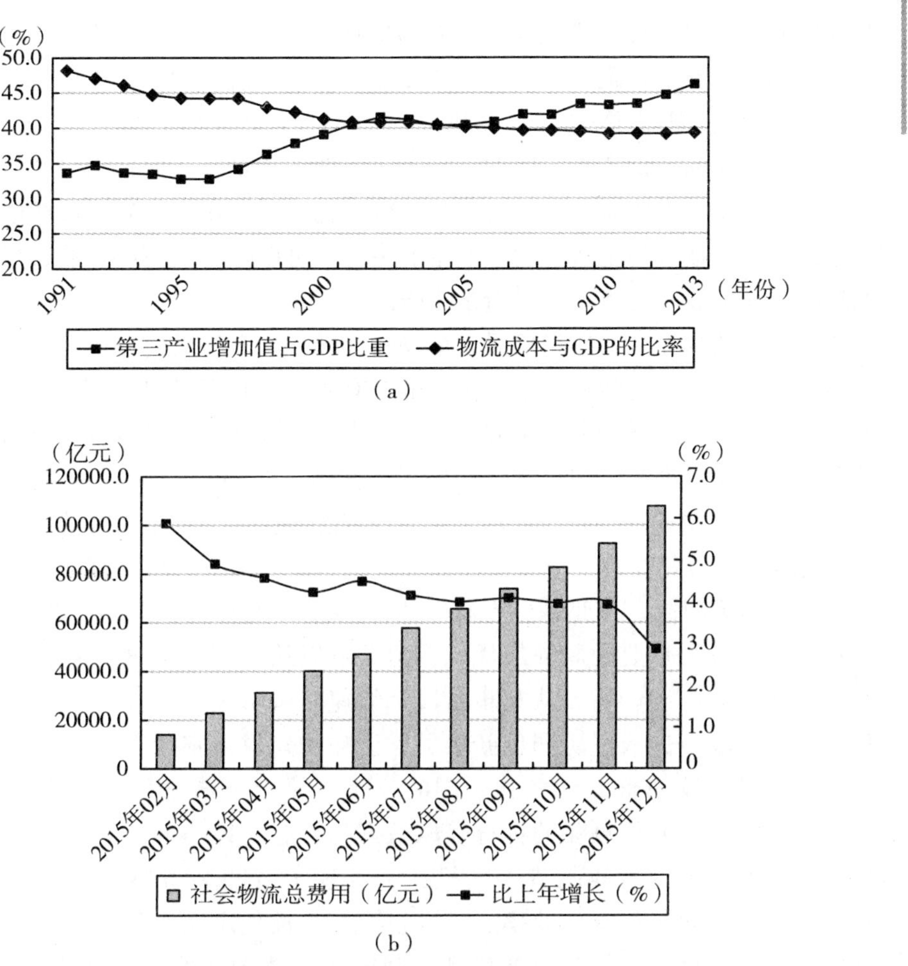

（a）

（b）

图1-1　中国物流总费用增长趋势

资料来源：《中国统计年鉴》、中国物流信息中心、中国物流与采购联合会网站。

这些政策和规划为现代供应链的发展提供了新的方向。2016年7月29日，国家发改委印发了《“互联网+”高效物流实施意见》，提出要依托互联网等先进信息技术，创新物流企业经营和服务模式，提高物流资源在更大的平台上进行融合和优化，扩大资源配置范围，提高资源配置有效性，全面提升社会物流效率。在互联网时代，要实现智能生产、配送和销售，就需要一套核心的供应链协同管理体系来指导生产、仓储、市场动态、集成信息，指导所有生产线“作战”的信息化管理系统。在当今互联网的时代，供应链管理的创新与协同将会成为驱动制造商和销售商转型升级的核心引擎。2017年12月，国务院办公厅印发《关于积极推进供应链创新与应用的指导意见》，这是国务院首次就供应链创新发展出台纲领性指导文件，首次对供应链发展做出的重大战略部署，推动中国产业发展进入"供应链 + 制造"的新阶段。而"供应链 + 制造"将促使制造业利用供应链管理方法推动行业创新和发展，提升制造业企业核心竞争力。在供应链领域，物流智能化、网络化、绿色化的提升不可或缺。物流行业的智能升级成为制造业智慧变革的关键，可以推动核心产业的布局，协助制造型企业发展新的市场，打造拳头产品。

随着科技和经济的迅猛发展，市场的全球化和多样化使企业间的竞争重点逐渐转变为供应链之间的竞争。供应链具有复杂性和不确定性，企业要想立于不败之地，必须增强和完善供应链管理。供应链管理方法目前可以分为分布式管理、集成化管理和协同化管理三种（李惠萱，2013）。其中，协同化管理是近年来最能代表发展趋势的管理方式，该方法假设供应链上的各节点企业之间是相互独立的经济主体，能保证信息完全共享，并考虑供应链整体的利益和各节点企业均衡利益，在此基础上相互沟通协作从而提出共赢的战略政策；虽然不能保证各个企业的局部最优化，但是可以从系统的角度出发，实现整体供应链的最大利润。物流从起步阶段、快速发展阶段、全面深化阶段、综合集成协同阶段，进入了协同创新阶段，已初步建成数字化企业，不仅是企业内部建立了比较完整的信息化，同时也实现了上下游全价值链多方面的协同，是国家制造业信息化的标杆。以数据为核心，以协同、定制、服务为外延，逐渐形成了"智能制造 +"模式，实现了智能装备驱动智能产品柔性化生产，数字化制造释放效率、成本空间，个性化定制激发市场潜力，大数据促进运营优化、产品和服务创新，智能产品感知获取数据实现跨界融合，以高度数字化和智能化的制造体系支撑公司战略转型，打造高效、透明、快速反应的供应链。

我国现代物流发展需求不断增大，市场经济突飞猛进，网络购物异军突起，绿色创新不断突破，结合符合中国国情的《中国制造 2025》的指导方针和战略部署（如图 1 – 2 所示），为构建中国制造强国，带动供应链产业的转型升级，需重视信息化和工业化的深度融合、全面推动绿色制造、全面发展工业强基工程、提高产业智能化国际发展水平等多方面来提高制造产业的布局升级，概括出多角度供应链协同发展的一体化内容。全球经济的迅猛发展驱使着供应链协同管理朝着信息化、可持续、网络化和智能化的方向发展，供应链服务的高效性、时效性标准和风险预警体系也越来越被人们所重视。

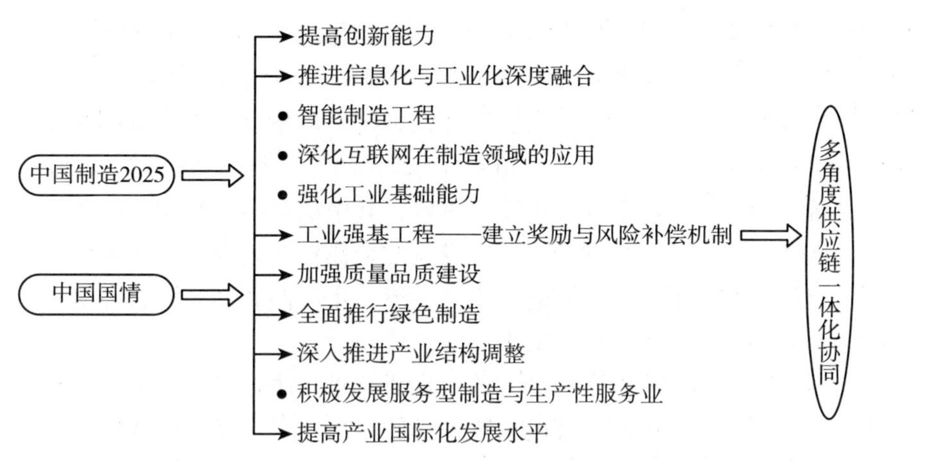

图1－2　中国制造2025战略方针

综上所述，根据国家政策方针策略和供应链发展特点，凝练出了多角度的供应链——即信息化、绿色化、网络化、智能化的中国特色供应链发展趋势。从多角度研究供应链协同管理可以涵盖中国供应链发展特色和经济社会的全面可持续发展。多角度的供应链协同管理正是在此基础上发展起来的，以传统协同机制为前提，以协同技术为支撑，以信息共享为基础，从系统的全局观出发，促进多角度供应链企业内部和外部的协调运作，以实现供应链各节点企业整体效益最大化为目标，提高供应链整体竞争力水平，开创“多赢”的局面。

近年来，我国物流业降本增效取得阶段性成果。根据中国物流信息中心公布的数据，社会物流总费用占GDP的比率呈逐年下降态势，2013年为18%，2014年为16.6%，2015年为16%，2016年为14.9%。虽有产业结构变化和统计数据调整的原因，也显示出物流降本增效取得了积极进展。但与实体经济要求、形势发展变化、国际先进水平相比还有一定差距。物流业经过多年快速发展，也到了转型升级的关键时期，遇到许多深层次问题和矛盾。虽然我国供应链发展迅速，但是“发展过快”和“协同水平低”仍然是供应链发展的致命弱点。发展过快而导致人们对供应链的认知不够；供应链基础设施信息化、智能化水平过低，导致物流总体水平不高，对生态环境的影响指数也在不断提高；供应链整条链上的协同发展水平较低，资源优化整合利用能力不够，合作伙伴选择过于主观，科学性、稳定性不够，双渠道结构对整个供应链协同管理有重要影响，网络渠道的发展不断壮大对传统的销售渠道的生存和发展存在极大的机遇和挑战。面对现代多角度供应链智能化、绿色化、网络化和信息化的发展需求，环境资源的恶化与生态能源的短缺，政府法律体制机制的不完善，以及供应链不确定外界环境中突发事件的影响，多角度的供应链协同创新管理成为人们关注的焦点。为了适应市场需求的变化，降低运营成本、环境成本，对多方面考虑的供应链协同管理尤为重要，其中供应商合作伙伴的选择问题是保障绿色供应链各节点协同的关键，供应商合作伙伴选择与订单分配问题对采购管理起到关键作用，没有好的供应商供货，生产商和销售商就会瘫痪，产品质量没有保障，准时制的生产要求不能完成。

环境的不确定性和顾客与产品的多样化需求，决定了供应链的复杂性与风险性，因此对供应链协同管理的风险预警体系研究是精益物流的关键，也是供应链内部与外部保持协同和竞争优势的保障，同时还可以使企业在动态变化中规避风险、稳定发展，提高企业的运行效率，降低风险，节约成本，可显著提升我国供应链协同的风险管理水平和服务水平，全面提高物流企业由粗放型向精益型、服务型方向的转型升级。因此从信息化、绿色化、网络化、智能化的多角度研究供应链协同管理一体化问题至关重要，直接影响《中国制造 2025》计划能否顺利实现，同时也可提升我国供应链发展国际化水平。

1.4 多元化供应链协同构建的几个问题

1.4.1 多元化供应链构建的系统观

系统的概念来源于人类长期的社会实践。目前，国内外相关学者都对系统进行了相关的研究。系统是由相互作用、相互影响、相互依赖的若干个组成部分按着一定规律组成的具有特定功能的统一体。在美国《韦氏大辞典》中，“系统”被定义为“有组织的或被组织化的整体，结合着整体所形成的各种概念和原理的综合”。日本的 JIS 标准中，“系统”指“许多组成要素保持着有机的秩序，向同一目的行动的集合体”，而多元化的供应链系统主要赋予了系统更多的色彩，主要融合了信息化、绿色化、智能化、网络化的多元供应链体系上各供应链节点企业有机整合、资源优化配置的过程（马士华，2011）。而供应链协同管理是一种集成的管理思想和方法体系，它有自己的思想、组织、方法和技术体系，执行供应链中从供应商到最终用户的物流计划和控制等职能。

多元化系统的一般特征有：整体性、相关性、结构性、有序性、动态性、目的性、环境适用性。供应链是一个复杂的系统，是指供应链中一系列相互关联的企业由于某种原因结成的网络。供应链的链上、链下企业之间都是相互作用、相互影响、相互制约的，其组成和结构具有一定的规律，其运行也有一定的规律。在进行供应链的构建分析与设计时，必须认识供应链具有系统一般特征的概念，从系统的角度进行设计和优化。

1. 供应链协同的整体性

系统的整体性可以表述为，系统整体不等于各组成元素之和，即非加和原则，$1+1\neq 2$。组成供应链的元素是企业或企业内的部门，供应链系统的整体功能取决于它的结构系统中的各组成企业或部门间的协调关系。当整体小于各组成元素之和（即 $1+1<2$）时，虽然每个企业或部门的功能是良好的，但企业或部门步调不一，协同不好，作为供应链整体就不可能有良好的功能。当整体大于各组成元素之和（即 $1+1>2$）时，虽然每个企业或部门的功能并不很完善，但它们协同一致，结构良好，作为供应链整体能具有良好的功能。

2. 供应链协同的相关性

相关性决定了系统的性质和形态。供应链内的企业或部门之间相互影响、相互依赖、相互制约，形成了特定的关系。从单个企业看，企业内部各组成部分之间的关系对供应链的性质和功能肯定起很大的作用，但是供应链的性质和功能更受组成供应链各企业之间关系的影响。这种战略联盟关系的强弱决定了供应链的特性，供应链相关的优劣或性能在很大程度上受这种战略联盟关系的影响。

3. 供应链协同的结构性和有序性

系统的层次结构和协调活动是现实世界中一些大系统所特有的结构性的反映。供应链是按供需关系组成的结构，核心企业与供应商之间、供应商与供应商之间、供应商与销售商之间、销售商与销售商之间组成层层分布的网络结构。系统的有序性揭示了系统与系统之间存在着包含、隶属、支配、权威服从的关系，统称为传递关系。换句话说，系统并不孤立出现，而是按有序性原则存在于某一层次结构中，供应链的结构不是杂乱无章的，它呈现出有序的特性。其实，供应链的有序性是显然的。只有供应商将核心企业需要的部件或原材料送给核心企业，核心企业才能组织生产或制造。供应链的组织若不按照这样的顺序组建和安排，实践证明是行不通的。

4. 供应链协同的动态性

物质和运动是密不可分的，各种物质特性、形态、结构、功能及其规律性，都是通过运动表现出来的，要认识物质首先要研究物质的运动，系统的动态性使其具有生命周期。开放系统和外界环境有物质、能量和信息的交换，系统内部结构也可以随时间变化。一般来说，系统的发展是一个有方向性的动态过程。供应链内部有四种形式的内在流动：物流、信息流、资金流、人流。上游企业得到下游企业的信息需求，向下游企业传递供给信息和物料；同时，资金流由下游企业向上游企业流动。并且组成供应链的各个企业都在演变，或壮大或缩小；组成供应链的企业或部门也在不断变化，有的自己主动离开，有的被动离开。

5. 供应链协同的目的性

人工系统和复合系统都具有一定的目的性，要达到既定的目的，系统必须具有一定的功能。所有系统都有功能，但是不一定有目的。供应链系统肯定有目的，因为正如前面分析，供应链就是为了增强参与企业的竞争力，使企业拥有更大的竞争优势而建立的动态联盟。一旦参与企业认为此联盟没有什么意义，该供应链存在的目的性将变得很小或者为零，则该供应链也就没有存在的必要了，它或者消失，或者重组。

6. 供应链的环境适用性

供应链的环境包括经济环境、政治环境、资金环境、文化环境、信息环境等，在一个大的复杂系统中，其供应链所处的环境也是相当复杂多变的，它必然与外界环境产生物质、能量和信息的交换，外界环境的变化必然会引起内部各要素之间的变化。因此为了保持和恢复系统原有的特征，系统必须具有对环境的适应能力，这就要求遵循“系统 + 环境 = 更大的系统”。

1.4.2 多元化供应链构建与数字化物流系统

物流系统是供应链的物流通道，是供应链管理的重要内容。物流系统设计是指原材料和零部件所经历的“采购—入厂存储—投料—加工制造—装配—包装—运输—分销—零售”等一系列物流过程的设计。物流系统设计也称供应链通道设计（supply chain channel designing），是供应链系统设计中最主要、最重要的工作。设计一个结构合理的物流系统对于降低库存、减少成本、缩短提前期、实施 JIT 生产与供销、提高供应链的整体运作效率都很重要。但供应链构建的设计却不等同于物流系统设计，特别从集成化供应链设计的角度看，它是从更广泛的思维空间——企业整体角度去勾画企业蓝图，是扩展的企业模型，它即包括物流系统，还包括信息和组织以及价值流和相应的服务体系建设。在供应链构建的设计中创新性的管理思维和观念极为重要，要把供应链的整体思维观融入供应链的构思和建设中。企业之间有并行的设计才能在企业之间实现并行的运作模式，这是供应链设计中最为重要的思想。同时，现在数字化供应链的时代要求供应链企业之间转型升级，物流信息平台的构建要求数字化供应链发展支撑，因此，多元化供应链协同管理平台的构建对智慧供应链的发展具有重要的意义。

1.4.3 多元化供应链构建与先进智能创新协同模式

多元化供应链构建既是从管理新思维的角度去改造企业，也是先进智慧供应链创新协同模式的客观要求和推动的结果。如果没有全球制造、虚拟制造这些先进的创新制造协同模式的出现，集成化供应链的管理思想是很难实现的。正是智能化的先进制造创新模式的资源配置沿着“劳动密集—设备密集—信息密集—知识密集—数据密集”的方向发展，才能使得企业的组织模式和管理模式发生相应的变化，从制造技术的技术集成演变为组织和信息等相关资源的集成。多元化的供应链管理适应了这种趋势，因此，供应链的设计应把握这种内在的联系，使供应链管理成为适应先进制造模式发展的先进管理思想。

1.4.4 多元化供应链的人才培养

国家政策全力推进供应链创新与应用。供应链全球化、智能化发展持续升级，促进产业链、供应链和价值链的融合与创新发展，重塑竞争力实现追赶和超越，是摆在国家、行业和企业面前的现实问题。供应链创新发展已上升到国家战略层面，国家通过政策全力推进供应链创新与应用。无论是零售商企业、制造商企业还是物流企业在此时代背景下，均将供应链创新与应用上升到企业战略层面，企业未来的竞争是整个供应链的竞争，更是人才的竞争。但是，整个行业极度缺乏符合发展要求的高端复合型人才，这对高校供应链人才培养提出新的需求与挑战。

1.5 多元化供应链协同管理研究的意义

随着国家物流产业升级，供应链协同管理是改变粗放型发展的关键，也为供应链的发展提出了新要求，既是机遇也是挑战。以 T-JIT 环境为背景，结合多角度供应链协同管理的发展特点，从信息化、绿色度、网络化和智能化角度来研究供应链协同管理问题具有重要的理论意义和实际意义。

（1）如何在 T-JIT 环境下构建供应商合作伙伴选择和订单问题，考虑信息共享成本对采购管理协同总成本的影响，完善采购管理方面的协同理论体系，从信息化角度说明信息共享对供应链协同管理的重要性，为企业确立决策主体、决策目标、选择合作伙伴、分配决策权等方面起到现实意义，同时对完善供应链决策机制具有重要的理论意义。

（2）近年来，学术界对纵向一体化供应链协同管理问题越来越重视，主要集中在对供应链的需求预测、采购管理、绩效评价和组织机制等方面。从绿色化角度考虑供应链协同管理问题，对《中国制造 2025》战略总方针关于绿色创新要求的实现有重要意义。考虑广告效应、产品绿色度等因素对绿色供应链和非绿色供应链的影响，有助于提升企业的整体利润和竞争力水平，为国家和政府完善供应链管理的机制体制具有一定的理论和实际意义。

（3）传统的销售渠道和现代网络销售渠道相结合的双渠道结构对供应链网络化协同提出机遇和挑战。引入双渠道供应链结构的定价决策和协调管理方式，考虑信息共享机制下零售商主导型双渠道供应链在促销服务因素影响下的协同决策优化与协调问题，对线上、线下渠道进行协调达到双渠道供应链利益最大化，同时对渠道之间的约束机制研究具有一定的理论和实际意义。

（4）现阶段供应链风险研究主要侧重于供应链风险评估和预警机制，而考虑 T-JIT 环境下顾客需求复杂性因素对供应链智能化协同方面的风险预警问题还没有研究。考虑到顾客需求的多样性、外界环境的不确定性和复杂性，如何既能满足 T-JIT 采购又能满足顾客多样化需求的供应链风险管理对智能化供应链协同管理研究尤为重要。通过改进的 ABC-BP 风险预警方法对供应链协同进行主动预警，构建风险预警平台，同时激励各节点企业完善风险预警机制来提升供应链协同风险管理的理论体系，能解决信息完全共享的条件下如何有效地预防和管理供应链协同风险预警，提高供应链协同风险运行效率，能够更加准确地找出影响风险的具体指标并有针对性地提出改进措施，预防和缓解风险的产生，达到事前控制的目的；也为供应链协同管理风险预警研究提供一个科学可行的优化方法，为供应链协同管理风险预警理论发展提供支持。

（5）为供应链与制造业、销售业、金融业等各方产业的融合发展提供依据，供应链与各大产业的界限越来越模糊，如何从体制机制角度和企业自身的利润角度来考虑供应链的融合发展越来越重要，也是目前数字化供应链协同管理发展的需求。

1.6 本章小结

本章主要对供应链协同管理的概念演变过程进行论述，从供应链到供应链管理概念，再到供应链协同管理概念，最后到多元化供应链协同管理的逐步演化，同时说明多元化供应链协同管理一体化研究的重要意义，多元化供应链协同管理一体化的出现是大数据、数字供应链协同发展的重要产物，同时也是保障我国实现《中国制造 2025》战略方针的重要任务能否顺利实现的重要依据。供应链协同管理平台的构建是我国物流产业数字化时代的象征，也是供应链协同管理水平的重新考量，对整个企业和供应链管理效益的提高具有重要的实践意义。

第2章

国内外多元化供应链协同管理

2.1 国内多元化供应链协同管理

随着市场经济的快速发展，供应链企业之间的竞争变得错综复杂，在形式上呈现出信息化、绿色化、网络化和智能化的多元化发展特征，多元化供应链如何实现各主体之间协同管理的一体化已成为学术界研究的热点；而大数据、人工智能、云计算的经济社会大背景也是当今供应链企业面临的机遇与挑战，如何在新的社会潮流中立于不败之地，需要供应链企业多元化的管理思想。

供应链的协同管理要求供应链企业对内部和外部环境做到协调统一。多元化角度的供应链协同一体化管理问题凸显了《中国制造 2025》战略方针的发展理念，从信息化、绿色化、网络化、智能化四个方面来研究供应链协同管理一体化问题，该研究在提升可持续物流服务水平、优化物流市场格局、规范市场主体经营行为、保证精益物流发展等方面具有重要的理论与现实意义。近年来，国内学术界对该问题的研究也取得了较丰富的成果。

2.1.1 国内信息化供应商选择的研究

供应链协同管理要求供应链上各个节点企业都能融会贯通，达到信息共享。合作伙伴的选择直接影响一个企业绩效和竞争力水平，是企业顺利运营的关键环节。

王丽杰（2007）对供应链成员企业间合作问题进行了研究，采用灰色关联度法选择合作伙伴，基于 Sharpey 值的供应链利益分配机制和供应链整体绩效评价指标体系进行实例验证。舒彤（2008）研究了供应链协同的供应商选择和销售预测问题，沿用 CPFR 的理念完善供应链整套流程。徐新清（2007）对绿色供应链合作伙伴的选择与协调进行研究，从系统的角度探讨了绿色供应链上核心企业如何选择合作伙伴以及运作过程中如何对合作伙伴关系进行协调管理的问题。阳燕（2009）、胡艳春（2008）、郭婷婷（2008）、徐艳飞（2013）等分别采用改进的遗传算法，考虑质量、产能、采购周期因素，考虑 JIT 环境、顾客需求和供应商供应能力的随机性，研究了在批量折扣环境下企业采购量分配优化问题对供应链中供应商进行选择的问题。张翠华（2006）等采用仿真模型研究 JIT 采购的订单分配问题。

2.1.2　国内对绿色供应链协同管理的研究

虽然我国供应链协同管理研究起步晚，但经过近几十年的发展，已取得了卓有成效的成绩，并建立了适合我国国情的协同管理理论和方法。对于传统供应链协同，马士华（2010）认为，整个供应链系统上任何一个环节都存在风险，并提出溢出库存惩罚下的风险共享模型来解决风险问题。另外也有学者借助数理统计方法对制造业绿色供应链管理进行动力研究，同时将目前供应链协同分为战略协同、策略协同和技术协同三个方面，对供应链协同管理问题的解决具有一定指导意义（张翠华，2005，2006）。

自从“绿色”融入供应协同管理范畴以来，国内学者也随即展开了相关领域的研究。其中，国内对绿色供应链管理问题研究较早的主要是汽车制造企业，通过在汽车制造供应链协同管理中融入绿色理念，解决了我国汽车制造业所面临的两个重要问题，即资源和环境，实现了对汽车供应链的动态管理，并显著提高了汽车行业的市场竞争力（王丽杰，2013）。创新是一个企业发展的不竭动力，对于供应链协同管理来说，对组织协同提出创新管理模式具有重要的理论和实际意义，吴绒等从制度、管理和技术三个方面提出了创新驱动协同体系，并建立了自己的创新理论模型（吴绒，2016）。李滢棠（2014）对果蔬业的绿色供应链协同决策机制进行了研究。王艺洁（2013）采用了群智能优化算法对绿色供应链协同的演化进行研究，借助演化博弈和粒子群优化理论方法对绿色供应链协同问题进行研究。郭云涛（2015）等针对造纸企业绿色供应链管理存在的不足，引入协同理论对其进行流程设计改进。董珊珊（2014）等对绿色供应链协同问题进行综述研究，指出制造商与供应商等供应链上下游企业之间和消费者、政府等绿色供应链的参与者之间的协调合理，可提高整条供应链的效率。

2.1.3 国内双渠道供应链企业协同管理

近年来，双渠道供应链是学术界研究的热点话题之一。如何协调线上、线下双渠道供应链协同问题，是多元化角度供应链企业网络化协同管理的重要问题。双渠道供应链协同是在传统渠道供应链协同的基础上发展起来的，因此需对传统渠道和双渠道都做简单介绍。

1. 传统销售渠道的供应链协同管理

杨玉中（2011）等基于AHP方法对汽车供应链绩效进行研究，李彦颖（2013）对汽车制造业供应链协同管理绩效进行研究，楼高翔等（2010）对供应链企业技术协同创新的运行机制及绩效进行研究，这些研究都是针对单渠道供应链协同而做出的绩效研究。代建生等（2014）考虑让风险规避销售商进行促销投入，运用收益共享契约模型使供应链达到协调。张子健（2008）、吴刚（2010）等在供应链模型中加入双边道德风险，在零售商和制造商合作前提下设计了最优报酬契约；孟卫东（2013）等在供应链成员联合促销并且考虑双边道德风险的条件下建立了相互激励模型。在单渠道供应链促销投入的现有文献研究中，从单一销售商促销努力扩展到了制造商与销售商的联合促销，并考虑道德风险问题，设计和分析了改进的回购契约和改进的收益共享契约来协调供应链，这为后来双渠道供应链促销投入的研究提供了理论基础。

2. 双渠道供应链销售模式的供应链协同管理

董志刚等（2015）对电子商务环境下双渠道供应链的制造商分销渠道的选择进行了研究，以Stackalberg博弈为基础，分别建立了双渠道供应链中以制造商为主的主从博弈定价策略模型和以电商分销商为主的主从博弈定价策略模型。李华娟（2013）对双渠道供应链的协调机制进行博弈分析，通过不同博弈方法，分析了双渠道供应链的发展路径以及最优决策；通过算例研究不同的协调策略和合同对双渠道供应链的影响以及影响程度。谢家平等（2017）研究了基于广告投入的闭环供应链渠道冲突下的契约协调优化，建立双渠道闭环供应链的批发价契约和收益共享契约，分析最优线上、线下定价决策和最优广告投入水平。李波等（2015）研究了具有公平关切的零售商对双渠道供应链决策影响分析。雷莉娟（2017）研究了考虑低碳需求的双渠道供应链定价决策。通过在需求函数中引入低碳水平参数，并采用 Stackelberg 博弈构建了由制造商占主导地位的双渠道销售低碳产品的决策分析模型。黄松等（2014）研究了需求和成本同时扰动下双渠道供应链定价与生产决策。张学龙等（2016）指出零售商和制造商的利益随着不同合同策略协调的变化而变化；经两部定价和批发价合同协调，零售商需要支付固定费用给制造商才能够达到协调，而经 Shapley 值法分配合同协调，则双渠道供应链可直接达到协调效果。另外，王磊（2014）、尹丽萍（2014）、李舒颖（2017）等对供应链模式的改进和绩效评价等方面进行了较为系统的研究。

2.1.4　国内供应链企业协同管理风险预警的技术分析

国内对供应链协同风险管理的预警体系研究相对较少，主要侧重于对供应链安全风险的识别、绩效评价、机制进行研究。

李真（2008）对供应链风险预警管理系统进行研究，构建以预控为基点的供应链风险预警管理系统，采用 BP 神经网络原理构建了供应链风险预警模型，该模型从实践中得到验证。李艳萍（2010）对广西传统制造业绿色供应链风险评估与控制对策进行研究，采用 SPSS 统计软件对绿色供应链风险评估指标体系进行分析，有助于企业提前预测并决策风险评估。马明（2016）对供应链管理的茶企物流风险预警机制进行研究，该研究指出物流风险的预警机制不能由企业自身获得，而是需要由渠道商与物流企业终端消费者与物流企业共同来建立。数理统计方法作为一种有效评价分析手段被广泛应用到供应链风险预警管理，有学者借助模糊综合评价和层次分析法，获取了供应链管理企业物流风险预警指标体系（姬利，2010；唐波，2010；杨华明，2013）。农产品供应链的健康运营关系到企业是否能高效运转，李晓宇（2009）等就农产品供应链风险的形成机制及其预警模式进行了深入研究，并构建了预警系统的运行模式。刘永胜（2006，2007，2009）结合风险预警意义和供应链风险管理概念，提出了供应链风险预警的概念，并详细介绍了预警体系结构及其相互关系。黄芳（2009）研究了物流网络运作风险评估与预警模型。物流网络运作风险的研究重点是基于物流网络一体化运作过程中系统性风险以及网络各成员企业间协同性风险的风险评估、预警、控制的研究。丁红娇（2011）从供应链网络的零部件采购、生产制造、销售、分配等环节的安全风险预警来构建我国汽车制造业供应链风险预警体制机制。温磊（2013）、李福领（2015）分别从梯形模糊相似度的协同风险评价法和知识螺旋模型构建来对供应链风险预警管理进行研究。何昇轩（2016）基于B2B平台构建供应链金融风险的动态评价预警体系。

2.2 国外多元化供应链协同管理

美国在数字供应链发展方面相对比较完善，共享经济下的数字供应链协同发展在国外也有最新的研究成果。美国供应链管理专业协会2017年9月全球供应链年会指出，未来供应链将朝着数字化供应链方向发展。居尔钦（Gülçin，2016）等围绕着供应链的数字化研究了未来供应链发展趋势。数字化供应链研究院的乔治·贝利（George Bailey）2019年元月发表了《2019年供应链领导者的五项决议》，揭示了这种务实变革的趋势，包括智慧ERP、5G时代的助力、数字化采购、区块链支持构建可信的数字化供应链、分析技术为供应链数字化转型奠定基础、人工智能和算法将成为数字化供应链的大脑、运营模式转型是企业数字化转型成功的基础、供应链数字孪生（SC Digital Twins）、数字化供应链融合（Digital SC Convergence）（何昇轩，2016）。数字供应链的发展体现了目前供应链对信息化、智能化、网络化、绿色化的协同管理趋势。

2.2.1 国外信息化供应商优化选择的研究

供应链协同管理中供应商选取具有重要意义，不同学者对供应商的定义也有差异。托马斯·崔（Choi，2002）只研究了直接供应商对供应链运营带来的影响及作用，而李海升（Lee，1993）将直接供应商和间接供应商均作为供应商来平等对待。李欣神（Lixin，2013）等在不同语言偏好的绿色供应链环境下对绿色供应商的行为进行模糊多目标评估分析。菲克里·戴维里（Fikri Dweiri，2016）等研究了汽车企业中采用集成的AHP方法为供应商选择设计一种决策支持系统。戴维·克拉（Devika Kannan，2016）等考虑在绿色供应链环境下，采用集成模糊多目标决策方法与多目标规划方法对供应商选择和订单分配进行研究。方宇（Fang Yu，2016）等研究了在可持续供应链网络环境下考虑产品运输距离的供应商选择问题，该研究考虑环境因素对供应商选择的影响。

卡姆兰（Kamran，2015）采用混合蒙特卡罗模拟和目标规划理论对闭环供应链系统中的供应商选择和订单分配问题进行研究。肯·格林（Ken Green，2000）等指出环境与供应链主体之间的协调最重要的因素是实现各节点企业之间的合作。苏布拉曼（Subramanian，2016）、费尔汗（Ferhan，2016）等考虑了运输成本、产品数量折扣、交货期等因素，结合两阶段模糊综合方法对多样化库存系统中供应商选择和订单数量分配问题进行研究。罗多尔福（Rodolfo，2015）等提出，精益生产的制造技术如 JIT 和 SMED 使企业提高订货周期、增强客户服务水平、减小库存，并创新了供应链管理策略。斯科特（Scott，2015）、卡姆兰（Kamran，2015）等考虑随机性，在多方利益相关者和多标准环境下采用 AHP-QFD 的组合优化算法、在逆向物流系统中供应和需求不确定情况下采用模糊多目标模型法，对供应商选择和订单分配问题的决策支持系统进行研究。陈思阳（Chen，1998）推进某汽车公司实施 JIT 环境中供应商和制造商之间的合作。科斯汀（Kirstin，2002）创建了 JIT 环境下单周期的订购和配送模型，研究了制造商与供应商在信息不完全共享和完全共享合作下双方的决策行为。多安（Doğan，2008，2014）等参考模糊理论和数理统计方法，采用两阶段混合整数规划方法，对多目标的供应商选择和订单分配问题进行了研究。

2.2.2　国外对绿色供应链协同管理的研究

随着全球社会和经济的迅猛增长，环境破坏和资源短缺已经成为经济飞速发展的代价。国外发达国家和地区，尤其欧洲、美国、日本等于 20 世纪 90 年代初对供应链协同（supply chain collaboration，SCC）进行研究，并制定了一系列相关的政策法规以加强支持和引导。韦伯（Webb，1994）在研究了产品对环境的影响基础上，首次提出了环境采购的概念。戴维·安德森（David Anderson，2016）提出，新一代的供应链战略就是协同供应链。供应链最初是由经济链演化而来，其中作为中间环节的价值链也起到重要的传承作用（Sweeney，2005）。20 世纪末，IBM 公司提出了一套属于自己的协同供应链解决方案，但是整体结构比较粗放，还不完善。美国供应链管理专业协会（Council of Supply Chain Management Professionals，CSCMP）完整解释了供应链的概念（Handfield，1996）。

绿色供应链作为一个新的概念，最早是由密歇根州立大学的制造研究协会

（MRC）提出的。赵瑞（Rui，2017）采用近年来流行的大数据方法对绿色供应链管理构建多目标优化模型，最大限度地减少有害物质所带来的固有风险、相关碳排放和经济成本。霍尔（Hall，2000）较全面地从社会和企业可持续发展角度对绿色供应链进行分析。西蒙诺夫·库西－萨尔邦（Simonov Kusi-Sarpong，2015）等采用联合粗糙集和模糊 TOPSIS 法对小企业中绿色供应链实践进行评估。

安加帕卡（Angappa，2015）对绿色供应链协同管理和激励机制的现状发展和未来趋势进行了研究。李林（Ling，2015）等通过对空集装箱的重复利用率来研究增强绿色供应链的主动性。罗俊（Luo，2015）等研究在中国实施绿色供应链合作关系的中介作用，指出买卖关系、竞争环境和关系如何影响中国制造商对绿色供应链协同的决策行为。吴爱琴（Thoo，2015）等对绿色供应链管理、环境协同和可持续运营能力进行研究，制造商与供应商之间为了获得可持续运营能力而重视环境协同的发展尤为重要。苗新（Miao，2007）等基于中国科学院的绿色供应链网络系统协同管理进行社会网络分析研究。崔东铉（Choi，2015）等考虑企业绩效对绿色供应链管理实务的影响，着重研究合作能力的作用对其的影响。黄云（Huang，2016）等采用博弈论方法从绿色角度考虑协同管理问题。钱德拉（Chandra，1994）建立了一个综合生产和运输问题的多个模型。贾布尔（Charble，2016）等借鉴绿色人力资源管理的思路，将其与绿色供应链管理的关系连接起来。

2.2.3 国外对网络化双渠道供应链协同管理的研究

双渠道供应链的出现是多元化供应链发展的产物，线上、线下的销售模式也是网络化供应链发展的标志，要想了解线上、线下的销售模式如何有效的运作，首先需要对传统销售渠道的协同管理进行了解。

1. 传统销售渠道的供应链协同管理

著名的供应链管理专家大卫·安德森（David Anderson）和李效良（Hau Lee）明确提出供应链战略就是协同供应链的思想，同时与 1999 年发表了题为《协同供应链：新的前沿》的文章。近年来学术界对双渠道供应链协同管理的研究有很大突破，而传统渠道供应链协同管理是双渠道供应链协同管理的一部分。泰勒（Taylor，2002）针对两阶段供应链中有一个零售商和一个制造商的情况进行了分析，发现零售商促销努力水平大小会影响需求函数，设计了销售回扣契约组合一个退货契约来协调供应链；克里斯南（Krishnan，2004）在一个风险中性零售商和一个风险中性制造商构成的供应链中提出促销成本分担和产品补贴等方式来实现供应链的协调。南特斯订（Netessine，2000）等设计和探讨了一种合作契约，由零售商和供应商共同分担广告成本。

2. 双渠道供应链销售模式的供应链协同管理

随着互联网技术日新月异的变化，双渠道供应链模式下供应链协同管理是近年来物流发展的新趋势，即传统销售企业的营销渠道与网络直销渠道相结合，这既给供应链各节点企业的协同管理带来机遇又为如何协同提出挑战。吉里（Giri，2017）等研究了在前向和逆向物流领域中双渠道闭环供应链在定价和产品召回方面的定价决策。罗美菱（Luo，2015）等研究了供应链协同管理中通过实物期权合约的双重采购来源。伯彦（Bo Yan，2016）等研究了考虑成本报告错误因素的以零售商为主导的双渠道供应链定价决策。哈米德·瓦法·阿拉尼（Hamed Vafa Arani，2016）等对供应链制造商和销售商之间的协同进行研究，提出了一个新的混合收益分享期权合约对二级供应链协同的影响。谢家平（Xie，2017）等对闭环供应链中合作广告协议在双渠道供应链协同合作中的作用进行研究。李博（Li，2016）等研究了在竞争环境下双渠道绿色供应链的定价政策。穆罕默德－巴格尔·贾马利（Mohammad-Bagher Jamali，2018）等采用博弈论方法对定期双渠道供应链中绿色和非绿色产品的定价决策，以及链和链之间竞争的可持续性对绿色供应链定价进行研究。尼金卡·莫汉·莫达克（Nikunja Mohan Modak，2017）等研究了双渠道供应链中企业的社会责任、协同管理和利润分配问题。徐金璞（Xujin Pu，2017）等研究了在顾客自由选择的前提条件下双渠道供应链中销售渠道如何协同发展。物流企业在跟踪调查中发现，线上销售渠道具有很大的优势，但是当对线下销售施以鼓励措施的话，能够整体提高销售利益，进而促使整个供应链高效发展（Tsay AA，2004；Xu G，2014；Chen J，2012）。线下、线上双渠道如何合理存在才能促进企业利益最大化一直是供应链管理研究的主要问题之一，部分企业采用多种定价契约和利益分享契约来协调双渠道供应链，为风险管理绩效评价和优化协同管理提供理论基础。

2.2.4　国外对智能化供应链协同的风险预警研究

风险预警是随着经济社会发展而提出的，其涉及领域较为广泛，包括经济风险预警、社会政治风险预警和自然灾害风险预警，不同的领域，其风险预警指标和评价方式也存在差异，但其目的均是有效地规避风险，进而提前预防和整治。菲茨帕特里克（Fitzpatrick，1932）提出，经济风险预警主要包括宏观和微观经济风险预警，宏观经济风险预警提出的主要目的是对区域或者国家的经济进行整体风险管理，微观经济风险预警的范畴则小得多，甚至可以是为一个小型的企业。国际上对经济风险预警提出了较多的预测和判断模型，较为著名的为菲茨帕特里克（Fitzpatrick，1932）、比弗（Beaver，1966）和拉特曼（Altman，1968）提出的。

自20世纪90年代末起，伴随着信息技术的发展和全球经济一体化，世界市场变化风起云涌，风险数量及其复杂性也与日俱增。而供应链企业要想立足于国际贸易竞争中，须对潜在风险进行事前预警，避免或缓解不必要的经济与社会损失。如何建立风险预警指标模型、框架和影响因素的管控与评估，是新时期供应链协同管理主要研究目的，研究人员从可持续发展的战略出发，采用多种手段进行风险预警理论和实践方面的探讨，取得了一定的研究成果，并将其成功应用到现阶段物流企业管理工作中（LI Y，2010；LI G，2015；Frank，2016；Mihalis，2016；Tsan-Ming，2016；Andra Badea，2014）。

2.3 国内外多元化管理研究供应链的紧迫性

2.3.1 中美贸易争端

中美贸易争端是近两年来中国和美国关于经济贸易产生的顺差逆差矛盾。中美贸易争端是中美经济关系中的重要问题。贸易争端主要发生在两个方面：一是中国具有比较优势的出口领域；二是中国没有优势的进口和技术知识领域。前者基本上是竞争性的，而后者是市场不完全起作用的，它们对两国经济福利和长期发展的影响是不同的。我国企业采购管理中的供应商中如果有重要的供应商如美国供应商的中断，如何能对产生的结果进行最有效的控制并找到具体替代性产品的供应商则是当务之急。因此我们国家需要在全球其他国家如英国、俄罗斯、日本、韩国、新加坡等选择更好的供应商来使损失降到最低。中美贸易争端使中国和美国的经济和发展受到严重损失，持续的摩擦只会使供应商和采购商之间问题不断出现，造成整个供应链的物流、信息流、资金流和人流的损失，因此，双方都应该在平等互利，相互尊重，相互信任的基础上进行双方贸易谈判，如若不然，就会对供应链及整个社会经济的发展造成阻碍。对我国来说，需要解决的问题主要有：

（1）发展核心技术。核心技术是国之重器。发展核心技术是强国之道，核心技术受制于人是国家安全的最大隐患。党的十九大提出了建设社会主义现代化强国的两步走战略，明确贯彻新发展理念，实现经济由高速度增长向高质量发展转变，早日建成现代经济体系。部署加快建设创新型国家，突出关键共性技术、前沿引领技术、现代工程技术、颠覆性技术创新，努力建设科技强国、质量强国、航天强国、网络强国、交通强国、数字中国、智慧社会。通过这次中美贸易争端，让我们更加清醒地看到，在全面建设社会主义现代化强国新征程上，必须坚持自主创新，勇于攻坚克难，大力发展核心技术，培养一大批掌握核心技术的尖端人才，这样才能使国家在发展和竞争中独立自强，使国家安全、经济安全有坚强后盾和可靠保障。

（2）坚持对外开放，达到信息深度融合。当今世界处于大发展大变革大调整时期，世界多极化、经济全球化、社会信息化、文化多样化深入发展，任何一个国家的发展都离不开与其他国家的交流与合作。我们要坚持对外开放的基本国策，积极推进“一带一路”等国际合作，支持参与多边贸易体制，使中国对外贸易范围更广、体量更大、合作更深，即使出现一些国际贸易争端，也有很大的回旋和调整空间，真正做到“东方不亮西方亮”“黑了南方有北方”。要坚持高质量的对外开放，更加注重资源节约、环境保护、技术创新、融通合作、权益保障，努力发展先进制造业和高端制造业，加强对外开放高风险国家、区域、行业的评估预警，增强防控风险、趋利避害的能力，使对外开放继续成为推进社会主义现代化强国建设的重要引擎。要着力打造讲信誉、负责任的对外开放大国形象，在构建人类命运共同体方面发挥引领和示范作用，争取世界各国的信任和支持。

中美贸易战的争端迫使我们每一个爱国人士都觉醒，努力使自己的核心企业变大变强，这就迫使企业要做好多元化供应链协同管理，提高预防任何风险的能力，达到减少或者预防供应链风险的能力。信息化时代下供应链中供应商合作伙伴关系的战略选择问题，是未来数字化供应链协同发展的必然选择，同时也是《中国制造 2025》构建数字化采购的提前基础，因此，战略合作伙伴关系的选择是企业实现核心竞争力的核心基础，必须重视数字化采购管理。

2.3.2 企业协同管理的必要性

大宗商品供应链互联网公司每年的物流总额占总经济额水平比重较大，下面以某物流公司为例分析其整个行业痛点。

目前，资金是大宗商品产业流通企业的首要痛点，致使其他相关方面能力不足（如图2－1所示）。平台化、专业化、标准化才能解决市场痛点，产生集约效应，同时降低全链条成本，并产生新机会为贸易生态分享（崔仲付，2019）。

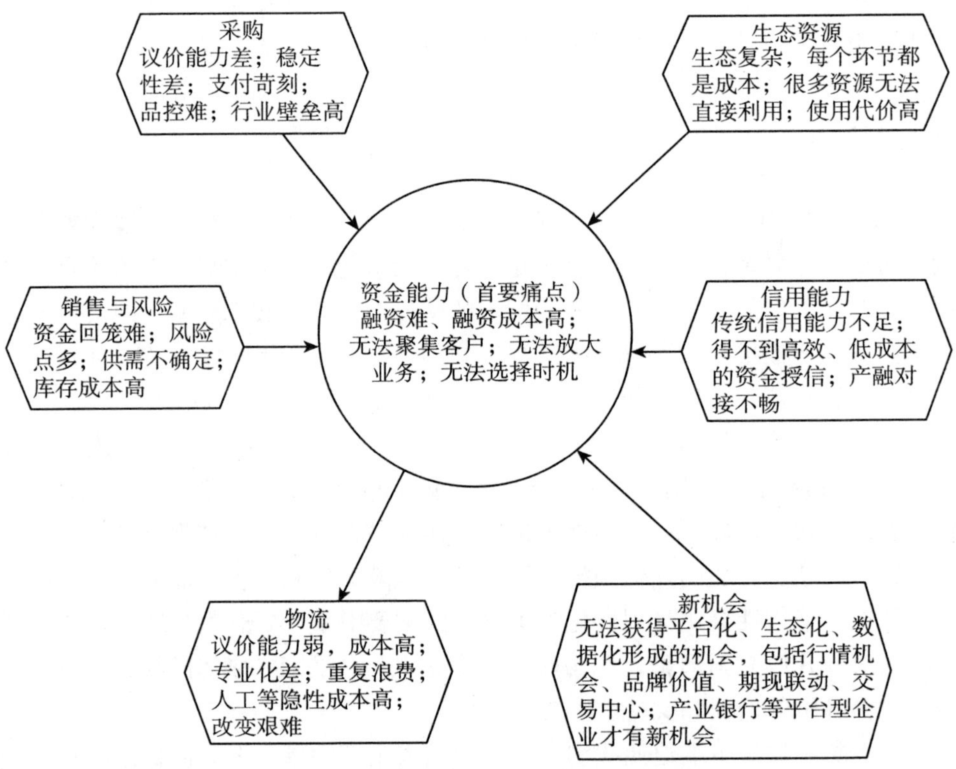

图2－1　行业痛点

针对产业痛点出现了各类产业互联网平台。而聚集订单和驱动业务放大的主要力量是金融，平台化和金融驱动才能使供应链聚集放大，产生集约效应和新机会，构建一个以供应链协同为核心的智慧供应链平台。平台以用户需求为源头，供应链全流程封闭运行，可将生产企业、经销商、供应商、终端用户、仓储物流及金融机构都联系在一起，实现产业链的实时互动协同、资源共享（如图 2－2 所示）。

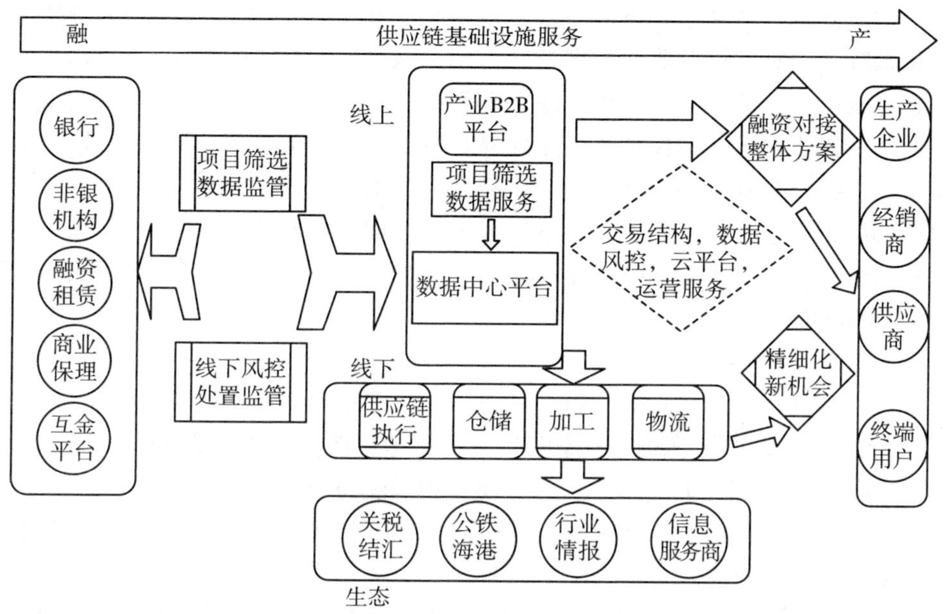

图 2－2　某供应链平台运营体系

1. 供应链门户

通过供应链门户进行各类交易信息和资讯信息的发布，包括物资交易、融资信息、运力匹配、集采招标信息、政策信息及各类资讯信息，并实现有效的内容管理，使得平台各类信息发布及时高效，针对交易信息实现后续的交易管理。应用门户还需要实现用户身份认证以及对平台各应用子系统的集成，对工作区和内容的灵活管理实现个性化。

（1）B2B 商城交易系统：包括交易工作台、资源管理、求购管理、报价管理、客户管理、订单管理、充值管理、对账管理、员工管理、店铺管理、业务报表等模块，支持商城、集市、店铺、招标等多种交易模式。商城交易系统与物流云平台及供应链协同平台无缝对接，有效保障交易的完整性和线下交割可靠性；同时便于与供应链金融平台联动，多方式高效快速解决买卖过程融资。

（2）在线支付系统：交易平台完整接入在线支付结算功能，包括会员保证金、在线直接支付（第三方支付、银联、企业网银）、分期支付、白条支付、后台对账，同时支持票交所“票付通”产品实现银票商票支付。

2. 供应链协同平台

供应链协同平台是智慧供应链平台的核心子平台，是基于 SaaS 的 ERP 信息化系统，同时支持企业间数据的全协同。该平台包含采购、库存、报价、销售、应收应付、结算发票、报表决策等系统模块，适用于有金融属性的大宗交易业务。该协同平台不仅能够满足贸易企业部门之间的数据协同，而且以数据交换为核心，在制造商、经销商、供应商、终端等企业间实现采销协同、计划执行协同、资金结算协同。在系统层面，该协同平台作为中间核心平台，支撑相关的云平台（仓储物流平台、风控管理平台、数据服务平台、客户管理平台）之间的数据交互。

3. 物流云平台

（1）WMS 云：基于 SaaS 技术的分布式、多租户的云仓管理系统，支持自营、翻赁及合作等业务模式，提供云化及本地化服务。支持货物出入、盘库、加工、出库、结算、人员绩效管理和决策报表，进行业务、成本、仓储、质量管理，同时兼具即时化、可视化。仓储现场采用 PDA 作业，与物流设备对接自动交互作业数据。

（2）TMS 云：系统可视化实时监控配送的各种作业进度，清晰快捷地显示配送业务的处理状态情况、车辆运行轨迹及状态、配送进出量等。系统分为业务管理和车辆管理。业务管理包括取货、理货、运输安排、路径优化、货物跟踪、目的地送货、收货和物流信息反馈管理；车辆管理包括入网验证、道路运输许可验证、套牌验证、轨迹查询、位置查询、异常离线提醒等。

4. 金融业务管理平台

供应链金融平台产品覆盖应收、预付和存货多种类。

应收类产品包括传统贸易金融的保理产品和项目集采基于应收账款的金融产品，提供应收账款质押融资、账款自动收款、账款回款自动偿还融资、账款催收及提醒、合同管理、项目管理、项目监管等功能。

存货、预付类产品是基于货权质押产生的金融产品，提供货物权属管理、货物价格管理（自动更新货物价格、货物核价）、货物监督管理（库存检查、监管下限控制）、货物解押等功能，该产品与在线交易平台对接，使质押物进入再销售流程，提高货物变现能力。

5. 风控管理平台

风控平台的核心是“信用评估 + 模型规则”，主要核心系统为金融 CRM、信用管理、风险预警。

金融 CRM 包括客户基础信息动态管理、客户交易行为信息管理（核心贸易方稳定性分析、采销规模分析、逾期分析等）、供应商准入管理、供应商动态考核等；信用管理包括信用评估模型、信用额度核定及调整、融资比例及准入等；风险预警包括交易订单监控、资金监控、还款提醒、违约及逾期预警等。

风控平台通过良好的产品及运营流程设计，在各个操作环节皆有系统记录，以达到对操作系统的良好管控，利用交易、金融、物流平台上传的交易流水明细、融资还款行为数据、物流配送数据，实时获取供应链中的每一笔数据，以对客户行为进行预警及调控。

6. 大数据云

以交易、金融、物流数据为基础，抓取、挖掘、分析各类数据，用户可自定义（自配置）分析模型，建立库存、价格、供需等指数体系；形成覆盖产业链各环节的分析报告，迅速驱动用户进行商业决策。

未来的多元化供应链协同管理一体化，一定是数据的一体化体现，也是服务的一体化管理，也是标准化、专业化、可视化的运行机制，未来的多元化供应链协同必将给各大企业带来巨大的经济效益，同时也为中国“一带一路”倡议提供前期准备工作，保障国家战略的顺利实施。

2.3.3　多元化供应链协同管理研究的必要性

根据 2.1 节和 2.2 节国内外对供应链协同管理研究的分析，本书从信息化、绿色化、网络化、智能化等角度对多元化供应链协同管理研究的必要性进行了分析。

（1）我国对 JIT 采购管理模块研究很少，且考虑 T-JIT 和多元理论背景下采购管理的影响还尚未研究，因此，考虑信息完全共享条件下供应商选择和订单分配问题具有重要的研究意义。该研究从多元化供应链的信息化角度考虑协同管理一体化问题，能体现国际化供应链协同发展趋势。

（2）目前国内外对供应链协同管理、绿色供应链协同管理等都有相关研究，但从多元理论角度考虑 T-JIT 环境下的供应链协同管理绿色度研究还尚不明确，也没有从国家层面制定相关机制体制来巩固绿色度的实施。面对顾客环保意识的增强和多元理念的进步，考虑绿色度、广告效应如何协调绿色供应链和非绿色供应链的定价、期望利润最大化等是绿色度供应链协同管理的关键。该研究为绿色化的多元供应链协同管理提供理论支持，同时也可提升供应链企业的可持续发展水平，为政府和企业完善绿色度合作机制提供理论支撑。

（3）国内外学者们主要侧重制造商、销售商之间定价决策战略方面的研究，主要考虑广告投入、合同、低碳需求和成本价格等因素单独对双渠道供应链的影响，还没有从系统的多元理论角度考虑网络供应链问题，也没考虑绿色度、广告效应、价格需求对双渠道供应链企业线上、线下渠道协同优化进行定价决策的影响，这对双渠道供应链协同管理提出机遇与挑战。双渠道供应链管理成功的关键因素是构建一种约束机制，这种机制能够统一供应链合作伙伴，而且协调他们的决策和活动方式使系统绩效最优化，为双渠道供应链风险绩效协同和链上、链下渠道协调优化管理提供理论支持。

（4）以往学者注重对供应链风险评估、风险机制进行研究，从多元视角考虑供应链协同风险预警的研究相对较少，T-JIT 环境下对智能化供应链风险预警管理的相关研究尚不明确，如何既能满足 T-JIT 采购又能满足顾客需求多样性和复杂性的供应链风险预警管理有待进一步研究。而风险预警管理不仅对基础设备还对技术方面都要求拥有先进的科技智能化水平，我国在这方面还有很大的发展空间。面对外界政治环境、自然环境和经济环境及内部协同不稳定因素的影响，加强智能化的供应链协同风险预警管理势在必行。

2.4 本章小结

本章对国内外供应链协同管理问题的现状和研究方法进行了分析，得出多元化供应链协同管理一体化问题研究的重要价值和意义，从而填补研究空白。同时，以中美贸易争端和大宗货物物流信息平台构建为背景，总结出从信息化、绿色化、信息化、智能化四个方面研究多元化供应链协同管理问题，突出本研究的必要性和可行性。

第3章

多元化供应链协同管理理论分析

3.1 供应链协同管理基本理论

供应链协同管理的目的是为达成合作企业之间的共赢，供应链各节点企业通过分工和合作来减少企业内部利益冲突和无畏的内耗；同时建立信息共享机制、风险预警机制、利益公平分配合作机制、人员管理的激励机制体系；搭建基于IT技术的信息沟通共享平台、绿色协同运作的业务流程再造、智能化的风险预警平台，以保证供应链各主体部门利益最大化。

3.1.1 绿色度供应链协同管理

绿色创新的供应链协同（李惠轩，2013）是《中国制造2025》方针的必然趋势，本书提到的“绿色度”主要强调顾客对供应链绿色产品的需求程度，涵盖绿色化供应链的整个环节，指绿色生产、绿色包装、绿色分配、绿色销售等供应链各节点如何进行可持续协调的过程，换句话说是指顾客对整个绿色供应链的满意程度。该“绿色度”体现出《中国制造2025》战略方针中以人为本的绿色创新协同思想，并从人文和多元角度考虑环境、资源、生态和社会的和谐共处。

3.1.2 博弈理论

传统的博弈论（game theory）又称对策论或赛局理论（董珊珊，2014），是指在特定条件下各主体对相关方的举动做出对应策略的学科，包含合作博弈、非合作博弈、完全信息博弈、不完全信息博弈、静态博弈和动态博弈等（图 3－1）。本章以多元理论为总思路，以信息共享的博弈理论为基础，分析供应链协同管理中二级供应链在考虑广告效应、绿色度产品、价格需求和促销服务等因素下供应链各企业利润最大化的优化决策问题。

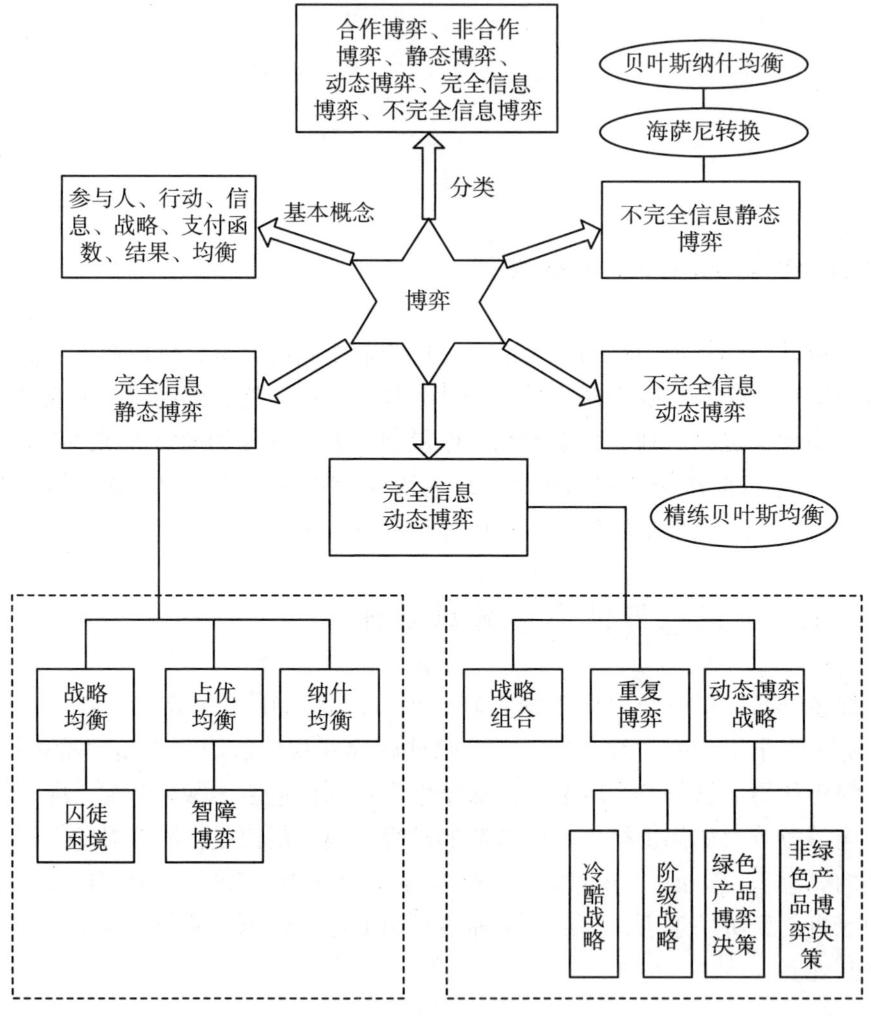

图 3－1　博弈理论模型

3.1.3　T-JIT 理论

"Total Just In Time"（T-JIT）是近年来最新的研究领域，肯尼思（Kenneth，2014）首次提出并将其定义为 JIT 生产、JIT 采购、JIT 销售，肯尼思新增加了 JIT 信息的一种集成供应链管理策略，并研究了 T-JIT 对整个供应链管理策略的影响。T-JIT 是在 JIT 管理思想的基础上发展起来的，JIT 已经扩展到 JIT 生产、JIT 采购、JIT 运输、JIT 存储及 JIT 预测等领域。T-JIT 是高度综合性的概念，符合系统工程整体性、目的性与最优化的特点，可以更全面准确地反应供应链协同管理优化问题，其具体的理论模型如图 3－2 所示。这个新概念对整个供应链企业的竞争力、供应链能力和组织绩效有重要影响。这一新思想在研究供应链采购管理方面有一定的理论意义，具体到采购管理中供应商合作伙伴的选择和订单分配问题，合适的供应商合作伙伴企业可以有效地促进和推动供应链协同管理的健康发展；相反，不合适的合作伙伴会产生事倍功半的效果，直接影响核心企业的经营效益和经济竞争地位。

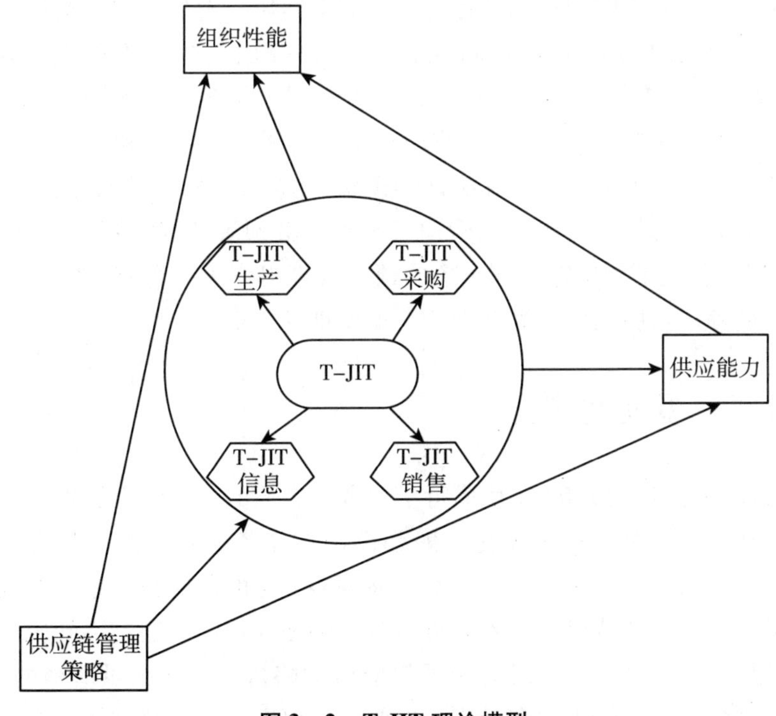

图 3－2　T-JIT 理论模型

3.1.4 风险预警协同理论

风险预警理论体系是一个系统的概念，体现出整体协同的思想（李真，2008）。随着我国进入 WTO，国有企业要想在国际市场上立于不败之地，需要对供应链的风险管理能力提出更高的要求。因此，我国企业高度重视供应链协同风险预警管理的准确性。风险预警体系包括风险提示、风险预测、风险防范、风险纠正等内容。从时间顺序角度看，包括事前、事中和事后预警，本书主张事前控制风险管理，以防范风险发生，保证企业利益最大化。风险预测需要对大量信息进行综合分析，依靠智能化、信息化手段，结合人工智能管理思想，来提高预警的精度和实效性，因此，标准化、智能化的风险预警管理平台的建立迫在眉睫。

供应链管理协同化是近年来学术界研究的重点，而 T-JIT 又是物流领域最新的研究热点，采购管理中为了保证多品种、小批量、准时化、多样化、智能化的发展需求，同时考虑到供应链上各节点受到不确定环境影响和需求复杂性问题困扰，为确保采购管理和库存管理、双渠道供应链稳定高效运作，须对供应链各节点存在的风险进行事前控制。为了研究供应链内部和外部不确定性 T-JIT 环境下供应链各节点协同存在的中断风险，同时满足顾客多样化需求，本书针对 T-JIT 环境下不确定环境波动对供应链采购、库存和供应商各节点相互协同的影响，融入系统工程和统计学概念，结合改进的人工智能方法，建立智能化、高效化的供应链协同风险预警平台，其预警流程如图 3－3 所示。该研究为 T-JIT 环境下供应链协同风险的预警管理提供了一种新的可行方法，对完善供应链各节点协同风险管理理论有重要理论价值。

3.1.5 多元化理论

多元化理论 20 世纪 60 年代盛行于西方，企业的多元化也从理论与实践方面不断创新，起初企业的多元化一般都停留在业务战略方面，随后企业从系统、动态的方向发展企业多元化。本书强调多元化的供应链是企业多元化的延伸，是指供应链上各节点、投入要素组合下的相互作用，通过不同质的产品和服务来满足市场不断需求，结合中国供应链战略方针，提出供应链的信息化、绿色化、网络化、智能化的多元化发展要求，以实现供应链整体利润的最大化

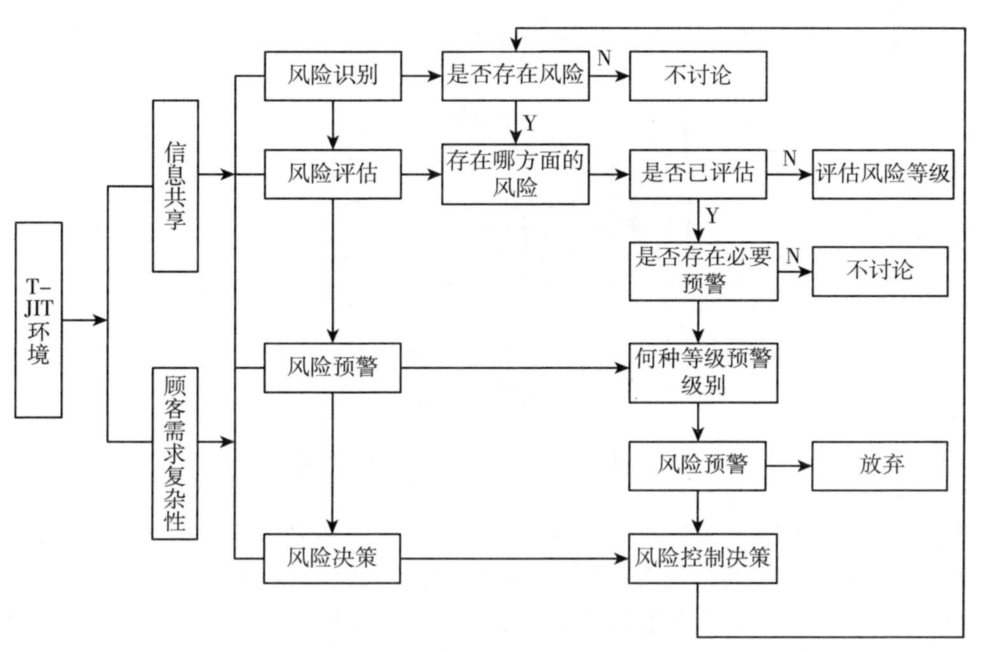

图 3－3　供应链风险预警流程

为目标。现代企业强调适度的多元化，切记大杂烩式的多元化，要把供应链的价值链作为核心来领导企业的多元化发展。

3.2 供应链协同管理一体化

供应链协同管理一体化问题是从整体性角度管理供应链。一方面从纵向来看，宏观到微观可以分为战略层、战术层、操作层的漏斗状分布（王丽杰，2013），图 3－4 从上到下显示了供应链协同管理过程；另一方面从横向来看，供应链协同从信息化、绿色度、网络化、智能化 4 个方面来体现供应链协同管理一体化问题。

3.2.1　纵向一体化

1. 战略层

供应链协同管理的战略层是最高领导层，供应链的重大方针政策都是通过

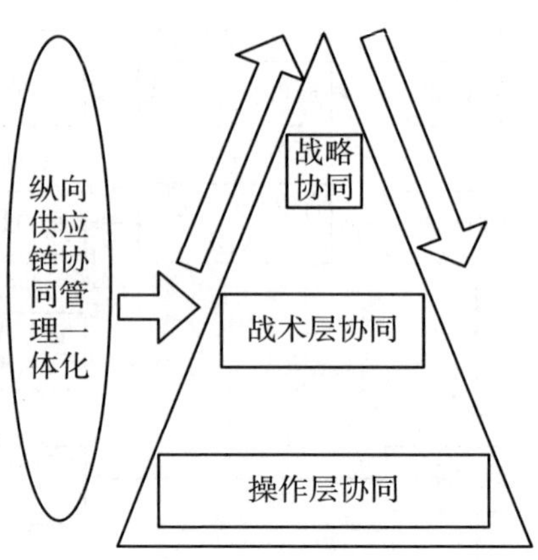

图 3-4　纵向供应链协同管理一体化

战略层进行整体规划实施的，比如供应链协同管理未来五年、十年发展趋势，它主要是从全局战略的高度出发，明确协同管理思想、发展目标、策略方法等问题，可提高供应链协同管理竞争力水平，包括企业文化、发展目标、收益和风险共享、协同管理决策，提供标准化的管理体系。

2. 战术层

战术层是战略层的基础，所有战术层做出的决策都是为最高层的战略层服务，供应链管理的战术层协同主要包括供应链链上、链下的协同。链上协同包括各节点企业采购管理协同、绿色度协同、销售协同、库存协同等；链下协同包括各节点企业之间的协同，即网络化协同、信息化协同、智能化协同、标准化协同等（何异轩，2016）。

3. 操作层

操作层是最底层，也是战略层和战术层的基础，是保障战略层和战术层能顺利运作的基础性工作和技术、方法上的支撑，如生产流程同步、信息化协同、风险协同等。为了提高战术层决策的有效性，需借助协同技术，实现供应链节点企业实时动态交互与沟通平台的共享。技术协同是操作层主要的手段支持，其操作功能主要包括标准化的信息数据收集、存储与传输过程，风险平台构建，信息化、智能化的数据处理和权威的机制体制等。

3.2.2　横向一体化

横向一体化是从多维角度考虑供应链协同管理问题，即从信息化角度考虑在 T-JIT 环境下采购管理中供应链合作伙伴选择和订单分配问题，从绿色度考虑可持续供应链协同管理问题，从网络化角度考虑双渠道供应链协同绩效评价和线上、线下协调问题，从智能化角度考虑供应链协同管理风险预警问题。该研究全面体现了中国物流发展特点，符合《中国制造 2025》的战略部署要求，为多元化角度供应链协同管理提供理论和方法支持，如图 3－5 所示。

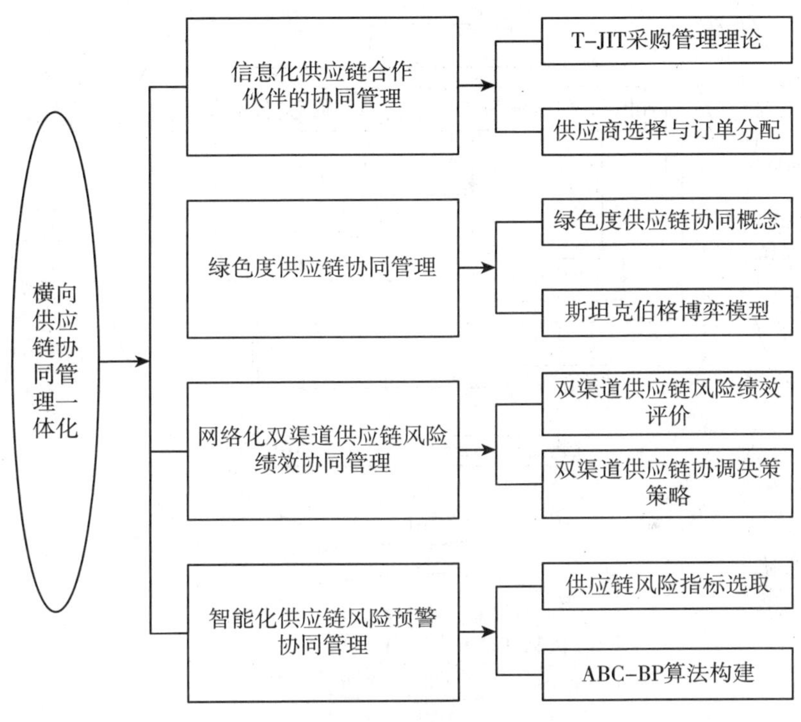

图 3－5　横向供应链协同管理一体化

3.2.3　多元化供应链协同管理一体化

多元化供应链协同管理一体化体现了横向与纵向两方面的特征，是宏观和微观融合的产物，其主要意义在于：它是改善环境和保障供应链协同管理稳定的重要途径，是《中国制造 2025》的发展要求，是我国企业获取和保持竞争优势的重要手段，也是提高物流服务水平和服务效率的关键。本书供应链协同管理主要是指供应链上下游各节点之间的相互联系、相互制约，以及供应链内部物流、人流、资金流、信息流的运转方式，如图 3－6 所示。

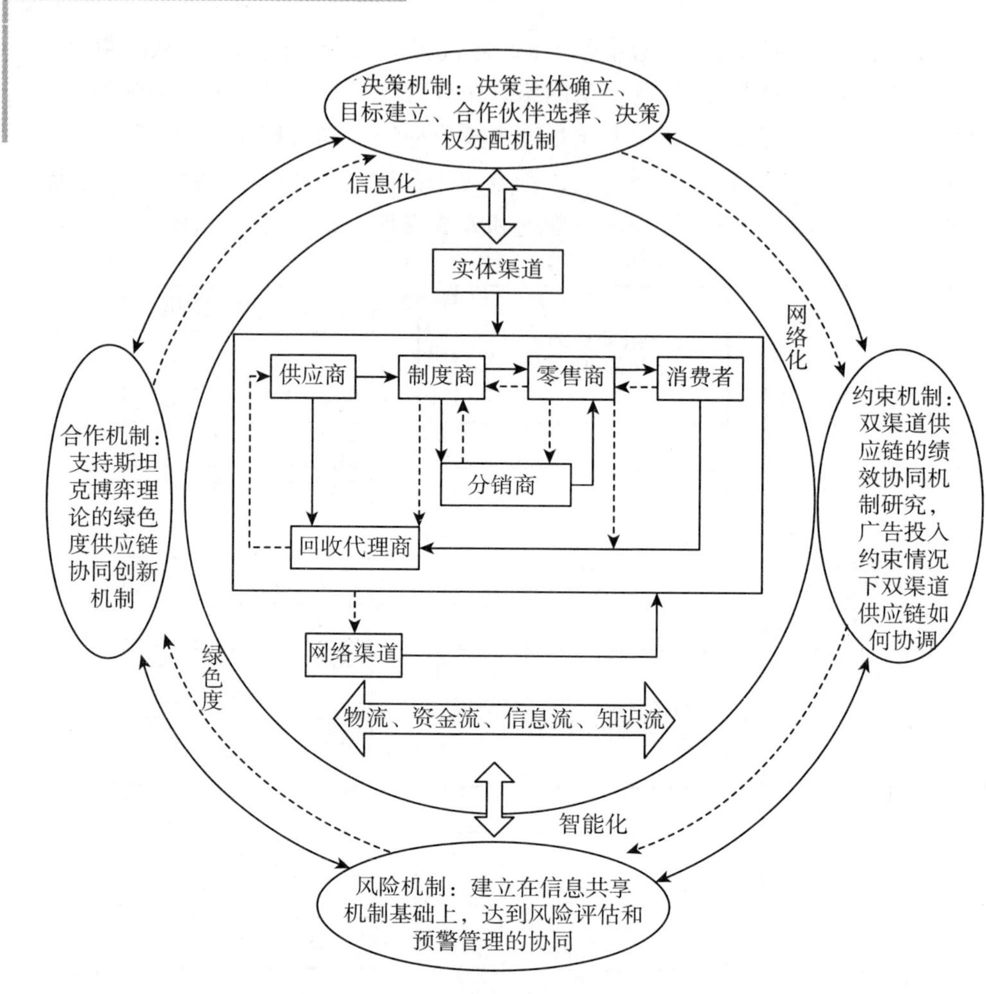

图3－6　多元化供应链协同管理一体化

3.3 多元化供应链协同管理的含义、内容和特点

3.3.1 多元化供应链协同管理的含义

传统的供应链协同管理是从系统的角度提高供应链各个节点企业之间协调和相互运作能力，通过联合不同价值增值环节的独立企业的过程（LI Bo,

2016）。多元化供应链协同管理是传统供应链协同的延伸，结合多元知识理论的发展演变而来，该系统高度整合，以信息共享为基础，以协同机制作为前提条件，以供应链企业整体效益最大化为目标，靠协同技术来支撑物流运作，实现供应链企业内部和外部协调运作。多元化角度供应链协同管理可提高供应链的服务效率和企业竞争力，同时提升我国供应链管理的国际化水平。

3.3.2　多元化供应链协同管理的内容

在经济飞速发展和资源与环境问题日益严峻的大背景下，我国供应链呈现出多样化的横向一体化发展趋势，即信息化、绿色度、网络化、智能化的供应链协同发展理念。

1. 信息化的供应链采购管理协同

供应链中供应商的长期合作联盟关系是保障采购管理协同的基础，更具体地表现在采购管理中供应商选择和订单分配问题，因此如何有效选择信息共享条件下的供应商合作伙伴尤为重要。T-JIT 环境的发展和顾客多样化需求导致的复杂性使该问题的研究迫在眉睫，该研究为提升物流服务水平打下坚实的基础。

随着经济和社会迅猛发展，企业之间的竞争主要体现在供应链之间的竞争，供应链主要分为计划、采购、制造、配送和退货五大模块，而采购管理是供应链间竞争的关键，是联系供应链企业成员中供应商和销售者的纽带，也是企业保持稳固发展的核心所在。为了对采购管理中供应商选择和订单分配问题进行优化，提高企业采购管理效率，本书主要以 T-JIT 拉动式生产方式的企业环境为研究背景。首先，概括影响企业供应链管理的多目标因素，即信息共享成本、交货成本、库存成本、采购成本和质量成本；其次，采用数理统计理论和优化算法，借助 MATLAB 和 LINGO 软件，构建 T-JIT 环境下企业供应链中采购管理的两阶段分析法，即利用 AHP-EM 和 TOPSIS 法对阶段 1 进行供应商选择，应用阶段 1 中的权重采用多目标混合整数规划模型对阶段 2 进行订单分配研究；最后，依托实例，提出信息共享率对供应商选择、订单分配和总成本的影响，得出 T-JIT 环境下对该问题的解决优于一般环境。该问题的研究对扩展供应链系统管理理论、提高企业供应链管理水平和增强企业核心竞争力具有重要的理论和实践指导意义。

2. 绿色度的供应链协同管理

绿色度供应链协同管理体现了可持续供应链协同思想，是保证供应链绿色度协调的基础，同时也体现了纵向一体化和横向一体化相结合的特征，其核心思想是对比绿色供应链和非绿色供应链的定价决策和期望利润的优化协调。绿色度即可持续发展度，是综合考虑社会、经济和环境效益对企业资源、产出和环境的影响度，具体指供应链企业保持绿色效率的程度。它不仅体现出产品绿色度的附加值，同时对促进绿色消费、调整产业结构和供应链资源优化起到积极作用，也能协调整个供应链企业的国际竞争力，达到与国际物流接轨的标准。本书提出在信息共享机制下考虑绿色度和广告效应等因素对绿色供应链的协同管理研究，采用博弈理论法建立可持续供应链协同的集中决策模型和分散决策模型，并用数值模拟对比出绿色度和广告效应对绿色供应链和非绿色供应链利润的不同影响，同时鼓励政府做出体制机制的调整，使企业做出相应的合作决策，保证利润收益最大化。

3. 网络化的双渠道供应链协同管理

双渠道供应链协同管理中如何协调线上、线下风险绩效及定价决策是近年来学术界研究的重点话题。双渠道供应链本身和外部环境的不确定性、客户需求的多样性所决定的供应链协同风险复杂性问题，采用因子分析法（FAM）和逼近理想点排序法（TOPSIS）的同时融入模糊数学理论，建立供应链协同风险的模糊评价模型，对多属性评价指标进行降维处理，解决了评价指标融合困难和评价指标过硬问题；同时，考虑在信息共享的双渠道供应链下建立期望利润决策模型来规避风险，达到供应链利益最大化，并用实例和仿真验证该方法和模型的可行性与有效性，并与已有研究方法进行比较，为网络化的双渠道供应链协同风险优化研究提供一种可行的方法借鉴。

4. 智能化的供应链协同风险预警管理

构建智能化的供应链协同风险预警管理平台是供应链稳定、高效运作的保障，为了研究供应链内部和外部不确定性环境下供应链各节点协同存在的中断风险，同时满足顾客多样化需求，本书针对 T-JIT 环境下不确定环境波动对供应链采购管理、库存管理和供应商各节点协同的影响，采用因子分析法和灰色预测理想点逼近法对影响供应链协同风险的因素进行灰色关联度和贴近度分析，同时提出一种基于 BP 神经网络与蜂群算法相结合的方法对供应链各节点协同风险进行预警分析，用蜂群算法解决选取神经网络权值和阈值的随机性，采用 BP 神经获取每组供应链的风险预警区间，随后采取相应措施预防风险发生，并用实例证明该方法的有效性与可行性。该问题的研究为 T-JIT 环境下供应链协同风险的预警管理提供了一种新的可行方法，对完善供应链各节点协同风险管理理论有重要理论价值。

3.3.3　多元化供应链协同管理的特点

供应链体现了人、财、物、信息的流动循环过程，其复杂性决定物流各节点存在信息扭曲、交流不畅及交通、经济、环境、制度变化导致的风险，引起供应链管理体系不完善，协调能力不够，服务水平和效率低下。为避免以上问题，可对供应链协同管理进行多元化分析，如图 3－7 所示，其主要特点有如下几个方面。

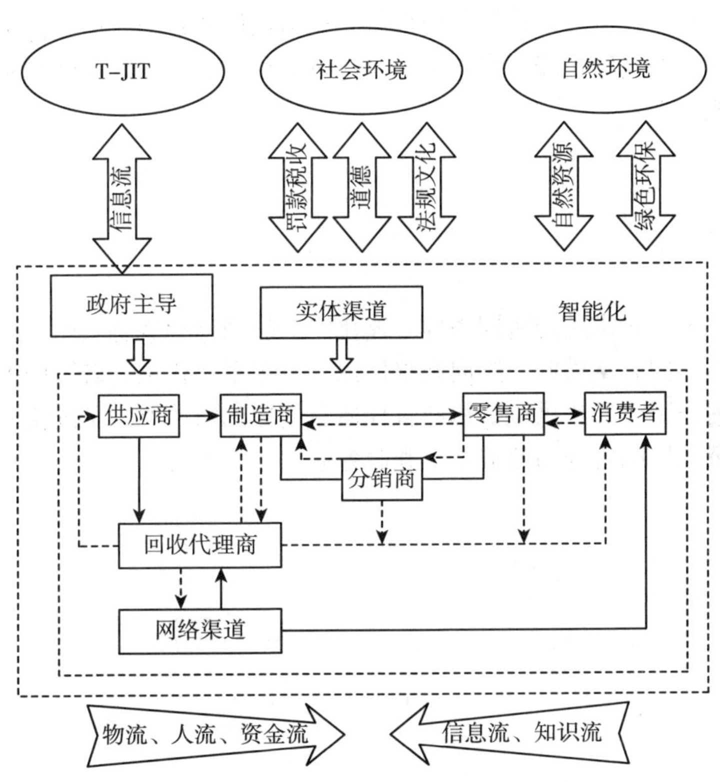

图 3－7　多元化供应链协同机制管理系统特征

（1）供应链协同管理的主要目标是整体供应链的协同，同时也是追求物流产业升级的必要选择，体现多元知识发展趋势，即从绿色度、信息化、智能化、网络化几个方面来衡量供应链协同度。

（2）供应链协同管理范围涵盖产品的全生命周期（舒彤，2008）。实现从产品设计、材料选择、产品制造到销售回收全生命周期效益最大化，促进供应链协调的可持续性。

（3）供应链协同管理的行为主体复杂性高（张翠华，2006），主要包括政府、公众和供应链上的全体成员，如供应商、制造商、分销商、回收商等。

（4）供应链协同管理的作用可以降低物流活动对资源的不必要浪费，同时提高物流服务水平和服务效率，提供专业化、个性化的物流服务。T-JIT 主要体现多品种、少批量、及时性的准时生产制要求，满足个性化生产需求，同时提高运营效率。

（5）促使物流企业采用智能化、现代化的手段。供应链协同管理要采用先进的信息技术手段达到物流效率最高、成本最低的目的。信息技术实现了物流信息快速、准确的传递，提高了供应链链上仓库、运输、采购等管理的及时性和自动化水平。

3.4 本章小结

本章对多元化供应链协同管理一体化涉及的理论和概念、内容和特点进行了详细介绍，同时从横向、纵向和整体性来介绍多元化供应链协同管理一体化的意义，为我国多元化供应链协同管理概念的深化延伸奠定了理论基础，以提高我国供应链协同管理的服务水平和服务效率。

第 4 章

供应链合作伙伴选择的信息化协同管理

在全球物流领域竞争的巨大压力下，高质量的服务水平和低成本产品是企业取得竞争优势的重要途径，而信息化的供应链协同管理研究是体现高质量服务效率的表现，也是供应链协同管理纵向一体化发展的一个方面，考虑在 T-JIT 环境下供应链采购管理中协同问题是信息化发展的产物，同时也是中国国情的驱使，为了适应顾客需求多样化、小批量和准时性的生产模式，要求企业考虑信息共享成本对供应商之间选择合作伙伴和订单分配问题的影响，可以提高采购管理协同和服务水平，同时完善供应链协同管理理论。

4.1 供应链协同管理合作伙伴选择问题概述

4.1.1 合作伙伴选择背景方法介绍

随着物流时代的变迁，信息化、绿色化、网络化和智能化成为供应链发展的标志。多样化的精益生产对质量、人的作用和客户个性化的要求很高，适应多品种小批量的生产模式势在必行。汽车制造业从 20 世纪早期的“粗放型生产”转变为后期的“精益生产”，可以达到降低库存、节约成本、灵活可靠的目的。供应商之间的合作伙伴选择问题是供应链协同管理的关键环节，对核心企业合作共赢意义非凡，同时对采购管理协同起到关键作用。

伙伴选择方法也在不断丰富，主要包括层次分析法、AHP-QFD 组合优化法、模糊综合评价法、多目标混合评价法、遗传算法等，上述方法各有利弊，结合定性与定量方法越来越受到学者们的青睐。因此本章研究的主要问题是如何在 T-JIT 环境下构建供应商合作伙伴选择和订单问题，考虑信息共享成本对供应链总成本的影响，同时构建两阶段模型方法，并用实际案例来验证新模型的有效性和可行性，与以往 JIT 环境下案例对比分析，总结出 T-JIT 环境下信息共享对供应链采购管理协同的影响。

4.1.2 伙伴类型分析

从宏观来看，供应链是一个闭环的整体，是从扩大的生产概念中延伸而来的，供应链是一个整体性的功能网络结构，其管理功能是协调并整合供应链上各节点企业活动的一体化，具体过程如图 4－1 所示。

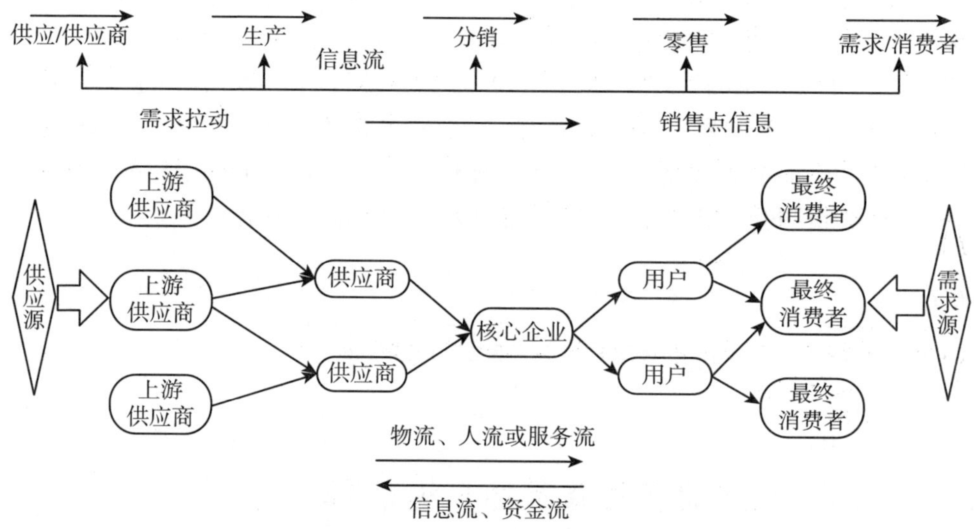

图 4－1 供应链协同管理网络结构

4.1.3 伙伴选择原则

现代精益物流的发展规划促使供应商合作伙伴选择走向全球化、智能化、信息化，合作共赢的供应商伙伴是供应链协同管理横向一体化发展的关键因素，因此，为了多角度供应链协同管理稳定发展，选择合适的供应商合作伙伴应该遵循如下原则：

（1）系统性原则。供应链是一个庞大的整体，应该从宏观角度系统、全面了解供应链链上和链下的信息流资源、资金流、物流、人流等信息。

（2）科学性原则。供应商选择、评价和操作步骤都应做到简明性、科学性、制度化，这样可使选择结果更具说服力。

（3）可比性原则。供应商选择系统应做到标准统一、稳定可靠、普适性强等。

（4）灵活可操作性原则。供应商是一个大系统，在不同行业、不同企业标准、不同产品需求、不同环境下，供应商选择略有不同，应该适当保持灵活可操作性强的特点。

（5）门当户对原则。供应商规模和层次数量应该和采购商相当，这样才能均衡合理的选择供应商，避免商业垄断的弊端。

（6）半数比例原则。供应商应该避免全额供货，采购商购买数量不超过供应商产能的 50%，才能避免供应商延迟交货率。

（7）合理控制供应源原则。分清主次供应商，并对相同产品供应源选择 3 家以内，不必太多，并与之建立永久的合作伙伴联盟关系，减少企业突发事件的风险损失。

（8）供应链战略原则。与本企业密切相关的重要供应商是企业生产顺利开展的保证，所以要与其发展供应商战略合作伙伴关系，一方面体现核心企业的文化修养，另一方面保证了供应的产品能保质保量的长期运输，加强供应链协同管理。

（9）创新性原则。事物是不断发展变化的过程，在保证稳定合作基础上，要不断学习更新评估指标、标杆对比的对象以及评估工具与技术方法等，响应与时俱进的发展规划。

（10）全面了解原则。对供应商的生产状况、商业信誉、企业文化、交货能力、售后服务水平、标准化生产、信息化程度等各方面必须做出全面了解，直接决定与该供应商是否可以达成战略合作伙伴联盟关系。

4.2 供应链协同管理在 T-JIT 环境下选择合作伙伴模型

本书从 T-JIT 角度考虑信息共享成本、交货成本、采购成本、库存成本和质量成本等因素对供应链总成本的影响，采用两阶段法多目标混合整数规划模型，用 MATLAB 与 LINGO 软件计算，达到总成本最低且方便灵活地适应多品种、小批量生产模式的目的。该研究重点突出 T-JIT 环境下信息共享成本对采购管理协同总成本的影响，可提升供应链协同管理方法和理论价值，提高企业供应链管理水平和企业核心竞争力。

4.2.1 建模思路

面对复杂的市场格局，信息共享条件下采购管理供应商选择和订单分配研究成为供应链管理的主流。本书把供应链采购协同分为两个问题进行研究，即供应商选择和订单分配两个问题，提出两阶段法，具体描述如图 4 – 2 所示。

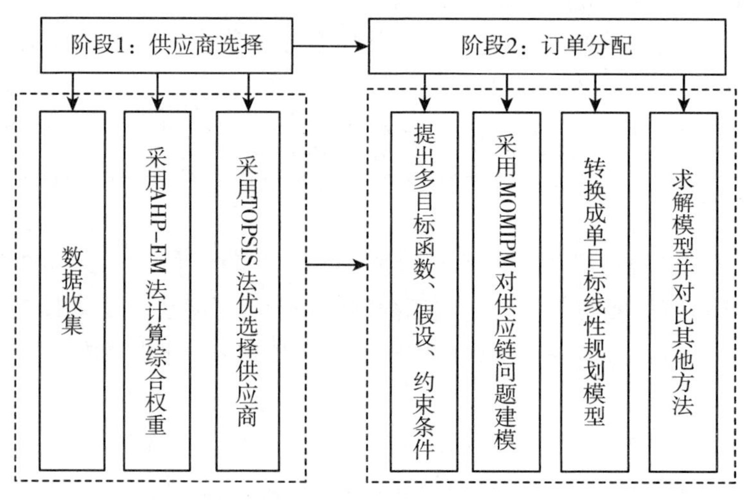

图 4 – 2 两阶段法流程

4.2.2 基本假设

本书设定生产商按如下供应链管理策略进行采购：

（1）为了达到长期合作的战略伙伴关系，每种产品必须从能够提供该种产品的每个供应商处采购此种产品需求总量的至少 10%，所以该产品的供应商数量不能超过 10 个。

（2）每种产品的信息共享率至少要达到 80%。

（3）运输成本由生产商承担总的 45%。

（4）每种产品从每个供应商的采购量不能超过该供应商所提供该种产品总量的 65%。

（5）根据以上要求，生产商的总采购成本最小。

（6）为了简化计算，本书假设需求和供应商的供应能力的随机分布函数均服从正态分布。

该假设(2)~(4)中，在郭云涛（2015）研究的基础上根据本书所研究的内容做出了调整，即加大了信息共享覆盖率，这样更能体现研究的重心；运输成本由生产商的承担比率减少，每天的采购量增加，为 JIT 生产创造良好的条件。

4.2.3　指标选取

根据 T-JIT 环境下企业供应链的多目标因素（郭云涛，2015），选择出供应链企业的多目标规划三级指标（A，B，C），一级指标 A 表示供应链总成本最小，二级指标 B 分为五种成本，总共有 14 个三级指标 C。该指标的选取主要从供货、生产、物料流动、管理等方面的时效性和高效性方面考虑（魏书缇，2010；孔峰，2007），同时创造性地提出信息共享成本对供应链总成本的影响，指标选取也融入 T-JIT 概念思想，可准确反应信息共享对供应商选择和分配的敏感程度，为信息化的供应链协同管理提供全面准确的指标体系，具体指标选取如图 4－3 所示。

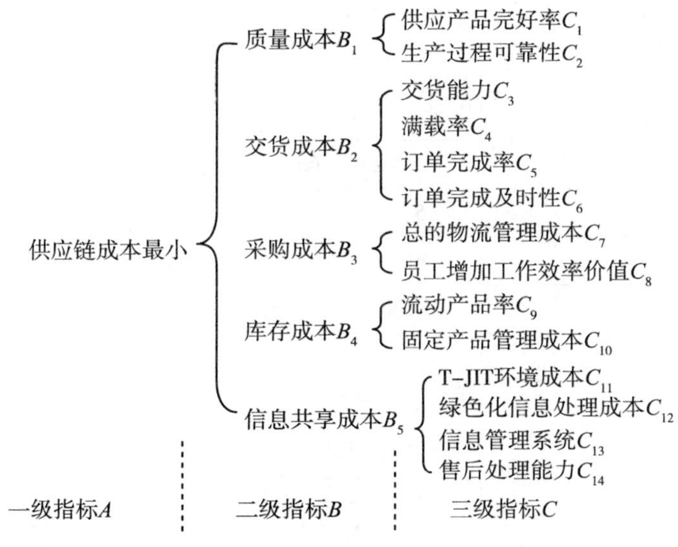

图 4－3　供应链多目标指标体系

4.2.4 数据准备

张翠华（2006）所说的不确定性主要指顾客需求和供应商供应能力的不确定性，而本书的研究是在原有基础上加入 T-JIT 采购的信息共享率，因此引用张翠华（2006）的实例数据并加入信息共享率数据。本章针对中小型汽车企业 XY 公司中关键产品橡胶圈和密封圈采购，来研究供应商选择和订单分配量。原始数据如表 4－1～表 4－3 所示。

表 4－1　　供应商基本信息

因素	供应商				
	1	2	3	4	5
交易成本 E_i（元）					
产品 1 产品 2	1200	1000	1200	2000	1500
价格 P_{ij}（元）					
产品 1	5	7	6	3	4
产品 2	4	8	5	4	5
单位运输成本 r_{ij}（元/km）					
产品 1	0.2	0.1	0.3	0.1	0.2
产品 2	0.3	0.2	0.2	0.2	0.3
次品率（q_{ij}）					
产品 1	5	2	3	5	4
产品 2	4	2	4	6	5
延迟交货率（d_{ij}）					
产品 1	7	4	4	4	5
产品 2	8	3	5	5	6
单位库存成本率（inv_j）					
产品 1	3	2	4	5	2.6
产品 2	4.2	2.5	4.8	4.4	2

续表

因素	供应商				
	1	2	3	4	5
交货提前期 gl_{ij}（天）					
产品 1	8	9	8	10	9
产品 2	10	13	12	11	13
生产能力 u_{vij}（件）					
产品 1	7500(300)	6500(300)	7000(300)	6800(300)	7200(300)
产品 2	13000(300)	10000(300)	15000(300)	12000(300)	11000(300)
信息共享率 l_{ij}					
产品 1	0.85	0.8	0.9	0.88	0.88
产品 2	0.9	0.84	0.82	0.85	0.95

表 4－2　　代表产品的需求信息

产品	需求量 D_j(件)	信息率需求时机 N_j	满意水平 ε	Z_ε	$Z_{1-\varepsilon}$
1	6000（120）	15（1.4）	0.95	1.6449	－1.6449
2	9000（200）	18（1.4）	0.95	1.6449	－1.6449

表 4－3　　供应商信息覆盖率折扣

供应商	$M=0$	a_{ijm}（元）	$M=1$	a_{ijm}（元）
1	0.9	4000	1	8000
2	0.9	5800	1	11600
3	0.85	6000	1	10000
4	0.9	8000	1	16000
5	0.8	7500	1	15000

为了尽力满足顾客和供应商的需求，假设 η_d、η_l、η_v 分别代表的满意度下限水平都为 0.95。Z_ε、$Z_{1-\varepsilon}$ 表示标准正态分布正负分位数点为 1.6449、－1.6449。

表 4－3 中，M 值表示各供应商给 XY 公司的信息率折扣值，a_{ijm} 分别表示各供应商给 XY 公司折扣区间的上限值。该表中，在供应商 1 中，当信息率覆

盖范围为0.9时，则供应商给XY公司的优惠上限值为4000元；当信息覆盖率为1时，供应商给XY公司的最优优惠上限值为8000元。

4.2.5 模型构建

阶段1：采用AHP-EM和TOPSIS组合方法选出供应商数量

（1）由于多目标函数对于不同供应商选择的订单分配有各自需求的侧重点，不同的目标权重会给企业决策带来很大差异，因此准确选择目标权重问题至关重要。本书结合主观赋权和客观赋权的优势，采用层次分析法（AHP）和熵值法（EM），可以更准确客观地确定目标函数的综合权重（姜燕宁，2016）。

假设目标函数中权重为W_i，$i=1, 2, \cdots, n$，且满足$\sum_{i=1}^{n} W_i = 1$。AHP-EM确定的权重系数分别是α、β，局部偏好风险系数为ε，则有：

$$w_i = \varepsilon\alpha_i + (1 - \varepsilon)\beta_i \tag{4.1}$$

其中：$i \in 1, 2, \cdots, n$；$0 \leqslant \varepsilon \leqslant 1$。根据风险偏好程度，取$\varepsilon = 0.3$。

（2）TOPSIS法于1981年由黄禹锡（Hwang）和尹恩惠（Yoon）提出，它适用于多项指标，可进行多方案目标择优选取，也叫作逼近理想点排序方法（熊云峰，2012）。基本原理是：假设模型有n个目标，每个目标都有m个属性，多属性决策目标函数为：$Z = \max/\min \{z_{ij} \mid i = 1, 2, \cdots, m; j = 1, 2, \cdots, n\}$。假设每个变量为$X_{ij}$，首先为了去除量纲的影响，可按如下公式标准化初始矩阵得到矩阵A：

$$x'_{ij} = x_{ij} / \sqrt{\sum_{k=1}^{m} x_{ij}^2}, i = 1, 2, \cdots, n; j = 1, 2, \cdots, m \tag{4.2}$$

根据各因素的权重计算出加权判断矩阵B：

$$B = AW \tag{4.3}$$

根据加权判断矩阵，得出正负理想解C^+、C^-，如下所示：

$$C^+ = \begin{cases} \max\limits_i f_{ij}, j \in J^+ \\ \min\limits_i f_{ij}, j \in J^- \end{cases} \tag{4.4}$$

$$C^{-}=\begin{cases}\min\limits_{i} f_{ij}, j\in J^{+}\\ \max\limits_{i} f_{ij}, j\in J^{-}\end{cases} \tag{4.5}$$

其中：$j=1, 2, \cdots, m$；C^{+}属于效益指标；J^{+}属于效益属性；C^{-}属于损耗性指标；J^{-}属于成本性属性。当C^{+}越大，表示在第i个指标上的最优值越有利；当C^{-}越大，表示第i个指标上的最劣值越大，越不利。

计算各评价对象与正负理想解之间的距离，目标到正负理想解的距离分别为S^{+}、S^{-}：

$$S_i^{\ +}=\sqrt{\sum_{j=1}^{n}(f_{ij}-c_j^{+})2}, j=1,2,\cdots \tag{4.6}$$

$$S_i^{\ -}=\sqrt{\sum_{j=1}^{n}(f_{ij}-c_j^{-})2}, j=1,2,\cdots \tag{4.7}$$

其中$i=1, 2, \cdots, n$。

计算各个目标的相对相近度：

$$R_i^{-}=S_i^{-}/(S_i^{-}+S_i^{+}), i=1,2,\cdots,n \tag{4.8}$$

运用相对贴近度对目标进行排序，为供应商最优选择做出决策。

阶段 2：采用整数线性规划模型（MOMIPM）对供应商订单分配问题（OR）求解

（1）根据前面的模型假设条件，为了描述数学模型，引入表 4－4 所示的数学符号。

表 4－4　　模型符号解释

集合	数学表示
供应商的集合 I	$i\in$（1, 2, …, i, …, I）
采购的产品集 J	$J\in$（1, 2, …, j, …, J）
设定的目标函数 S	$S\in$（1, 2, …, s, …, S）
决策变量	含义
x_{ij}	表示从供应商 i 订购产品 j 的数量
x_{ijm}	表示从供应商 i 订购产品 j 在信息流覆盖区间 m 上的数量

续表

决策变量	含义
y_{ij}	供应商选择变量，$y_{ij}=1$ 表示从供应商 i 处采购产品 j；反之 $y_{ij}=0$ 表示没有从供应商 i 处采购到产品 j
y_i	供应商选择变量，$y_i=1$ 表示供应商 i 至少为企业供应一种产品；反之 $y_i=0$ 表示供应商 i 不为企业供应任何产品
Z_{ijm}	供应商 i 采购的产品 j 在信息流覆盖区间 m 下的选择变量
A_j	能提供产品 j 的所有供应商；$A_j \in$ （0，1）变量
参数	**含义**
需求量 D_j	表示产品 j 的需求量，服从正态分布 $D_j \sim N(\mu_{Dj}, \partial_{Dj}{}^2)$
μ_{Dj}	产品 j 需求的均值
$\partial_{Dj}{}^2$	产品 j 需求的方差
V_{ij}	供应商 i 提供产品 j 的能力限制，服从正态随机分布 $V_{ij} \sim (\mu_{V_{ij}}, \partial^2_{V_{ij}})$，其中 u 和 ∂ 分别代表均值和方差
N_j	信息率需求时机，服从正态随机分布 $N_j \sim (\mu_{N_j}, \partial^2_{N_j})$，其中 μ_{N_j}、∂_{N_j} 分别表示均值和标准差
u_{vij}	供应商 i 提供产品 j 的单位生产能力
K_{ij}	表示供应商 i 在生产商生产产品 j 的总产量
p_{ij}	表示从供应商 i 处采购产品 j 的价格
r_{ij}	表示生产商从供应商 i 处采购产品 j 的单位（件）运输成本
A_{ij}	供应商 i 中能提供产品 j 的所有供应商
T_j	产品 j 的信息共享率（$\max T_j = 1.0$）
Q_{ij}	从供应商 i 采购产品 j 的数量占总的 j 采购量的百分比 $\sum_{i \in s_j} Q_{ij} = 1 \ \forall j$
q_{ij}	从供应商 i 交货的产品 j 中废品数所占的比率
inv_j	产品 j 的单位库存持有成本比率
l_{ij}	供应商 i 中产品 j 的信息共享程度（$0 \leqslant l_{ij} \leqslant 1$）
gl_{ij}	信息共享条件下从供应商 i 处采购产品 j 的交货提前期
η_d	企业自身设置的需求数量满意度下限
η_l	企业自身设置的初始信息共享满意水平下限

续表

参数	含义
η_v	企业预先给定的供应商供应能力满意水平下限
E_i	在信息共享环境下企业对供应商 i 的交易成本
μ_{ijm}	从供应商 i 中采购产品 j 在信息流覆盖 m 区间的上限值
β_{ijm}	从供应商 i 中采购产品 j 在信息流覆盖区间 m 下的信息共享率
α_{ijm}	从供应商 i 中采购的产品 j 在信息流覆盖区间 m 上的总金额
$\alpha\beta_{ij}^h$	产品 i 在供应商 j 中的评估值由第 h 个决策者决定
$\alpha\hat{\beta}^h$	平均的模糊权重（FMA）
$\overset{*}{\alpha}\beta_{ij}^h$	平均的模糊权重进行的归一化处理
$\hat{b}_i^*$	转化后的模糊量量纲值
$\hat{w}_d$	三角模糊数中平均的权重分布值

（2）建立目标函数。本书主要以生产商的质量成本、交货成本、采购成本、库存成本和信息共享成本为衡量供应商选择和订单分配问题的标准，因此可以建立多目标整数规划模型。

目标函数①——质量成本：用废品率来衡量，即总的废品数量最小化。

$$\min\{S_1 = \sum_{i=1}^{I}\sum_{j=1}^{J} q_{ij}x_{ij}\} \tag{4.9}$$

目标函数②——交货成本：企业与供应商之间的交易成本最小化。

$$\min\{S_2 = \sum_{i=1}^{I} E_i y_i\} \tag{4.10}$$

目标函数③——采购成本：

$$\min\{S_3 = \sum_{j=1}^{J}\sum_{i=1}^{I} p_{ij} \times (Q_{ij} \times D_j) + 0.45\sum_{j=1}^{J}\sum_{i=1}^{I} r_{ij} \times (Q_{ij} \times D_j)\} \tag{4.11}$$

目标函数④——库存成本：产品 j 在 T-JIT 环境下的库存持有成本最小。

$$\min\{S_4 = \sum_{i=1}^{I}\sum_{j=1}^{J} inv_j x_{ij}\} \tag{4.12}$$

目标函数⑤——信息共享成本：供应链企业中信息化水平的高低，一般以企业信息共享率作为衡量产品 j 的采购情况。信息共享程度高，则采购成本相应降低，反之，信息共享水平过低，采购费用就会相对增加。信息共享可以减少企业间的不确定性与随机性、可弱化库存的牛鞭效应，同时可协调供应链的目标冲突。

$$\max\{S_5 = \sum_{i}^{I}\sum_{j}^{J}\sum_{m}^{M}\beta_{ijm}\alpha_{ijm}x_{ijm}\} \tag{4.13}$$

目标函数①~⑤的约束条件：

$$Q_{ij} \geqslant 0.1 \tag{4.14}$$

$$Q_{ij} \leqslant 1 - 0.1\{\sum_{i \in A_J} A_{ij} - 1\}, \forall j \tag{4.15}$$

$$\sum_{i \in A_j} Q_{ij} = 1, \forall j \tag{4.16}$$

$$\sum_{i \in A_j} (Q_{ij} \times l_{ij}) \geqslant 0.8, \forall j \tag{4.17}$$

$$Q_{ij} \times D_j \leqslant 0.65K_{ij} \tag{4.18}$$

$$T_j = \sum_{i \in A_j} (Q_{ij} \times l_{ij}) \tag{4.19}$$

$$Fr(\sum_{i=1}^{I} x_{ij} \geqslant D_j) \geqslant \eta_d \tag{4.20}$$

$$Fr(T_j \geqslant \max \sum_{i=1}^{I} gl_{ij}y_{ij}) \geqslant \eta_l \tag{4.21}$$

$$Fr(\sum_{j=1}^{J} x_{ij} \times u_{v_{ij}} \leqslant V_{ij} \times y_{ij}) \geqslant \eta_v \tag{4.22}$$

$$\sum_{j=1}^{J} x_{ij}p_{ij} = \sum_{j=1}^{J}\sum_{m=1}^{M}\alpha_{ijm}\beta_{ijm} \tag{4.23}$$

$$\sum_{i=1}^{I}\sum_{m=1}^{M} Z_{ijm} \leqslant 1 \tag{4.24}$$

$$\sum_{i=1}^{I}\sum_{m=1}^{M}\alpha_{ijm} \leqslant \sum_{i=1}^{I}\sum_{m=1}^{M} z_{ijm}\mu_{ijm} \tag{4.25}$$

$$\sum_{i=1}^{I}\sum_{m=1}^{M}\alpha_{ij(m+1)} \geqslant \sum_{i=1}^{I}\sum_{m=1}^{M} z_{ij(m+1)}\mu_{ijm} \tag{4.26}$$

$$\sum_{i=1}^{I} y_i = I \tag{4.27}$$

$$\sum_{j=1}^{J} y_{ij} \leqslant y_i \times j \tag{4.28}$$

$$K_{ij} = \mu_{v_{ij}} \tag{4.29}$$

$$0 \leqslant T_j \leqslant 1 \tag{4.30}$$

$$Y_{ij}, Y_i, Z_{ijm}, A_j = \{0,1\} \tag{4.31}$$

$$X_{ij}, \alpha_{ijm} \geqslant 0 \tag{4.32}$$

其中：式（4.14）满足采购策略基本假设（1）的要求；式（4.15）表示产品 j 从供应商 i 处采购的数量百分比的上限；式（4.16）表示产品 j 从各个供应商采购量百分比之和为 1；式（4.17）满足了采购策略基本假设（2）的要求；式（4.18）满足了采购策略基本假设（4）的要求；式（4.19）表示产品 j 的信息共享率；式（4.20）和式（4.21）分别表示供应商 i 提供产品 j 的数量和交货期满足企业对订单数量和时间要求的概率要在企业自身设置的各个满意水平之上，$Fr\{h(x) \geqslant \varepsilon\} \geqslant a$，$\varepsilon$ 为正态随机变量，则机会约束的确定性为 $\mu + \varepsilon \times Q^{-1}(1-a)$；式（4.22）表示供应商 i 的供应能力满足企业需求的概率要大于企业自身设置的满意水平；式（4.23）表示选择供应商 i 供应产品的总价值；式（4.24）表示企业从供应商 i 处采购的产品 j 必须在信息共享范围内购买；式（4.25）表示供应商 i 提供信息覆盖率区间的下限；式（4.26）表示供应商 i 提供信息覆盖率区间的上限；式（4.27）表示供应商选择数目的约束；式（4.28）是对供应商选择的约束；式（4.29）表示供应商 i 对产品 j 的产量等同于产品 j 单位生产能力；式（4.30）表示产品 j 的送货及时率的范围；式（4.31）表示选择变量取值是 0－1 约束；式（4.32）表示决策变量取值为非负约束。该模型增加了信息成本目标函数，把信息共享率融入整个供应链系统并使之最大化，同时把运输成本融入采购成本，由生产商分担一定比率来确保采购成本的准确；同时引入最大最小切比雪夫不等式来转化信息共享率和采购成本的二律背反现象，使整体模型效率更高。

4.2.6　模型求解

1. 阶段 1 供应商选择模型求解

首先采用熵权法计算各指标体系的权重（魏书缇，2010；孔峰，2007），然后对评价因素进行问卷调查（见附录 1）专家打分法量化。专家采用 10 分制打分法，0 分为最低分，表示专家认为该因素指标与供应链协同的合作伙伴选择没有直接关系，10 分为最高分，表示该因素指标与供应链协同的合作伙伴选择相关度极高，起着决定作用。收集数据（见附录 1）并采用 MATLAB 编程软件（见附录 2），计算得出：层次分析法权重系数 $\alpha = (0.1624,\ 0.2972,$

0.2153，0.1431，0.182），熵权法权重系数 β =（0.190，0，3482，0.1488，0.1469，0.1652），由式（4.1）得出评价指标的综合权重 W =（0.1817，0.3329，0.1688，0.1458，0.1708）。

2. 阶段2订单分配模型求解

（1）转化随机变量的约束条件，式（4.14）~式（4.16）已经限定了未知量的区间范围即 $Q_{ij} \in [0.1, 1-0.1(\sum_{i \in A_j} A_{ij} - 1)], l_{ij} \geqslant 0.8$，由式（4.16）可得到 $Q_{ij} \leqslant 0.65 \times K_{ij}/D_j$，该模型有界的条件下才能达到有解，需满足 $0.65 \times \frac{K_{ij}}{l_j} \in [0.1, 1-0.1(\sum_{i \in A_j} A_{ij} - 1)]$，即 $l_j \in [\frac{6.5Q_{ij}}{11 - \sum_{i \in A_j} A_{ij}}, 6.5Q_{ij}]$。

（2）利用机会约束规划理论对供应商中含随机变量的式（4.20）~式（4.22）进行转换，得到：

$$\sum_{i=1}^{I} x_{ij} \geqslant \mu_{D_j} + \partial_{D_j} \times \varphi_{\eta_d} \tag{4.33}$$

$$\max_{i=1}^{I} gl_{ij} y_{ij} \leqslant \mu_{T_j} + \partial_{T_j} \times \varphi_{1-\eta_l} \tag{4.34}$$

$$\sum_{j=1}^{J} x_{ij} \times uv_{ij} \leqslant (\mu_{uv_{ij}} + \partial_{uv_{ij}} \times \varphi_{1-\eta_v}) y_{ij} \tag{4.35}$$

式（4.33）~式(4.35）中的 $\varphi_{\eta d}$、$\varphi_{1-\eta l}$、$\varphi_{1-\eta_v}$ 表示标准正态分布函数在累积概率 η_d、$1-\eta_l$、$1-\eta_v$ 条件下的随机变量值。

（3）多目标规划模型转化为单目标规划模型。由阶段1中计算得出的各指标权重系数 W_i 可知：

$$\begin{aligned} \min s = & w_1 \sum_{i}^{I} \sum_{j}^{J} q_{ij} x_{ij} + w_2 \sum_{i}^{I} E_i y_i + w_3 [\sum_{j=1}^{J} \sum_{i=1}^{I} p_{ij} \times (Q_{ij} \times D_j) \\ & + 0.45 \sum_{i=1}^{I} \sum_{j=1}^{J} r_{ij} \times (Q_{ij} \times D_j)] + w_4 \sum_{i=1}^{I} \sum_{j=1}^{J} inv_j x_{ij} \\ & + w_5 \sum_{i=1}^{I} \sum_{j=1}^{j} \sum_{m=1}^{M} \beta_{ijm} \alpha_{ijm} \times x_{ijm} \end{aligned} \tag{4.36}$$

约束条件：

$$\sum_{i=1}^{I} x_{ij} \geqslant \mu_{D_j} + \partial_{D_j} \times \varphi_{\eta_d} \tag{4.37}$$

$$\max_{i=1}^{I} gl_{ij}y_{ij} \leqslant \mu_{T_j} + \partial_{T_j} \times \varphi_{1-\eta_l} \tag{4.38}$$

$$\sum_{j=1}^{J} x_{ij} \times uv_{ij} \leqslant (\mu_{uv_{ij}} + \partial_{uv_{ij}} \times \varphi_{1-\eta_v}) y_{ij} \tag{4.39}$$

$$l_j \in \left[\frac{6.5Q_{ij}}{11 - \sum_{i \in A_j} A_{ij}}, 6.5Q_{ij}\right] \tag{4.40}$$

$$\sum_{j=1}^{J} x_{ij}p_{ij} = \sum_{j=1}^{J}\sum_{m=1}^{M} \alpha_{ijm}\beta_{ijm} \tag{4.41}$$

$$\sum_{i=1}^{I}\sum_{m=1}^{M} Z_{ijm} \leqslant 1 \tag{4.42}$$

$$\sum_{i=1}^{I}\sum_{m=1}^{M} \alpha_{ijm} \leqslant \sum_{i=1}^{I}\sum_{m=1}^{M} z_{ijm}\mu_{ijm} \tag{4.43}$$

$$\sum_{i=1}^{I}\sum_{m=1}^{M} \alpha_{ij(m+1)} \geqslant \sum_{i=1}^{I}\sum_{m=1}^{M} z_{ij(m+1)}\mu_{ijm} \tag{4.44}$$

$$\sum_{i=1}^{I} y_i = I \tag{4.45}$$

$$K_{ij} = \mu_{uv_{ij}} \tag{4.46}$$

$$Y_{ij}, Y_j, Z_{ijm}, A_j \in \{0,1\} \tag{4.47}$$

$$X_{ij}, \alpha_{ijm} \geqslant 0 \tag{4.48}$$

（4）由目标函数⑤可知，供应链企业的信息化水平的高低与采购成本成背反趋势，同时也可以得出 JIT 信息共享成本与总成本二律背反，影响整体优化效果。采用模糊多目标线性规划方法，用最大最小切比雪夫不等式（刘奎，2012）进行转换，把最大需求的信息共享率表示成不精确的模糊系数，并用三角形分布表示，即：

$$\alpha\beta_{ij}^{h} = (a_{ij1}^{h}, a_{ij2}^{h}, a_{ij3}^{h}), i = 1, 2, \cdots, I, j = 1, 2, \cdots, J \tag{4.49}$$

$\alpha\beta_{ij}^{h}$表示产品 i 在供应商 j 中的评估值由第 h 个决策者决定。求出平均的模糊权重（FMA）：

$$\alpha\hat{\beta}^{h} = \sum_{d=1}^{D} \hat{w}_{d}\alpha\beta_{ij}^{h} / \sum_{d=1}^{D} \hat{w}_{d}, \hat{w}_{d} = \left(\frac{1}{D}, \frac{1}{D}, \frac{1}{D}\right) \tag{4.50}$$

同时对 $\alpha\beta_{ij}^{h}$进行归一化处理，得到：

$$\overset{*}{\alpha}\beta_{ij}^{h} = (\overset{*}{a}i_{j1}, \overset{*}{a}_{ij2}, \overset{*}{a}_{ij3}), \hat{b}_{i}^{*} = \sum_{j=1}^{t} \hat{a}\beta_{ij}^{*} \Theta \sum_{j=m+1}^{n} \hat{a}\beta_{ij}^{*} \tag{4.51}$$

t 代表最大值，即：

$$\begin{cases} \overset{*}{b}_i = 1 & , a_{ij}^h < \min a_{ij}^h \\ \overset{*}{b}_i = \dfrac{\max a_{ij}^h - a_{ij}^h}{\max a_{ij}^h - \min a_{ij}^h} & , \min a_{ij}^h < a_{ij}^h < \max a_{ij}^h \\ \overset{*}{b}_i = 0 & , a_{ij}^h > \max a_{ij}^h \end{cases} \tag{4.52}$$

利用非模糊性能式（BNP_i）求解模糊量 $\hat{b}^*$ 量纲值：

$$BNP_j = \frac{(b_{i3}^* - b_{i1}^*) + (b_{i2}^* - b_{i1}^*)}{3} + b_{i1}^* \tag{4.53}$$

BNP_j 可以利用最大最小值转换法对原始数据进行替换，这样就能与目标函数的意义相符合，即 BNP_j 值越小，总的采购成本值也越小，两者呈正相关性。此方法可使混合整数规划模型更加精确，可行性和有效性得到很好的诠释。

4.3 实例分析

4.3.1 计算结果

将阶段 1 求解权重的结果，引入阶段 2 中，同时采用 MATLAB 编程软件（见附录 2）对 TOPSIS 法进行计算，得出如表 4－5 的结果。

表 4－5　相对贴近度比例

指标供应商	1	2	3	4	5
$S+$	0.0926	0.1046	0	0	0
$S-$	0.0565	0.2092	0	0	0
R^-	0.1004	0.0973	0.1498	0.1568	0.1689

如表 4－5 所示，根据相对贴近度 R^- 的值排序，得出可供选择的供应商优先排序顺序是 $S_5 > S_4 > S_3 > S_1 > S_2$，因此商家可以考虑选择供应商 5、4、3 为

优选合作伙伴。与原始数据表 4 -1 对比来看，供应商 5 的库存成本比较低，信息共享率较高，其余指标都处于中上等。供应商 4 的优势主要在于运输成本比较低，交货提前期较高。供应商 3 的优势在于延迟交货率比较低，企业可以根据具体情况做出决策。

阶段 2 中，采用 LINGO18.0 软件进行编程计算（详见附录 2）。

步骤 1：先用 LINGO 求解器计算出采购成本的值，采购成本对应式（4.14）~式（4.19）的约束条件，计算出 Q_{ij} 的可行解，如 $Q_{11}=0.1$，$Q_{21}=0.1$，$Q_{31}=0.1$，$Q_{41}=0.1$，$Q_{51}=0.6$，$Q_{12}=0.62$，$Q_{22}=0.1$，$Q_{32}=0.1$，$Q_{42}=0$，$Q_{52}=0.18$。可计算出总的采购成本为：$S_3=70769$。

步骤 2：对供应商的信息共享率进行转换，如表 4 -6 所示。

表 4 -6　　信息共享参数转换值

信息共享多目标	参数值
FMA	$a\beta^1$ =（0.875，0.88，0.81，0.84，0.915）
	$a\beta^2$ =（0.85，0.825，0.815，0.835，0.925）
	$a\beta^3$ =（0.815，0.865，0.81，0.89，0.93）
$a\beta_{ij}^{*h}$	$a\beta^{*1}$ =（0.263，0.264，0.243，0.252，0.275）
	$a\beta^{*2}$ =（0.255，0.248，0.245，0.25，0.278）
	$a\beta^{*3}$ =（0.245，0.26，0.243，0.267，0.279）
$\hat{b}_i^*$	$\hat{b}_1^*$ =（0.016，0.015，0.036，0.027，0.004） $\hat{b}_2^*$ =（0.024，0.031，0.034，0.029，0.001）
$\hat{b}_i^*$	$\hat{b}_3^*$ =（0.034，0.019，0.036，0.012，0）
BNP_j	（0.025，0.022，0.035，0.023，0.002）

采用 BNP_i 的值作为呈正相关的信息贡献率值。

步骤 3：用 LINGO18.0 计算多目标混合整数规划模型，该模型结果要求分配采购数量和选择供应商整数为宜，同时变量中有 0 -1 变量，也有整数变量，因此整理得到如表 4 -7 所示结果。

表 4－7　　订单分配量

采购的产品	供应商				
	1	2	3	4	5
产品 1	0	0	0	573	5625
产品 2	0	0	9329	0	0
总数	0	0	9329	573	5625

由表 4－7 可以看出，产品 1 主要在供应商 4、5 两处采购，采购量分别为 573 和 5625；产品 2 主要在供应商 3 处采购，采购量为 9329。

由 LINGO 计算结果可知，4 种目标函数下总的最小成本金额为 2515.54 元。由步骤 1 可知，总的采购成本为：2515.54 + 0.1688 × 70769 = 14461.35 元。同时可知该公司可选供应商 3、4、5 作为采购对象，采购总金额分别为 46644.90 元、1717.164 元、22500 元，其中供应商 5 选择产品 1 金额为 7500 元，产品 2 金额为 15000 元。接下来我们对比一下选择供应商 3、4、5 的优势，从表 4－3 可以看出供应商 4 的信息覆盖率较小，而供应商 3 是信息覆盖率最高的商家，工作效率高，因此产品分配率也高。总之，信息覆盖率范围越大，总的成本就越小，对总成本的敏感度就越高。

最后对不确定环境下和 T-JIT 环境下的供应链总成本、信息率等各种结果和指标进行汇总对比分析，如表 4－8 所示，得出 T-JIT 环境下信息成本对供应链总成本的影响，其优势大于劣势。

表 4－8　　T-JIT 环境下优势对比

对比指标	供应商选择	
	不确定环境（1，3，5）	T-JIT 环境（3，4，5）
总成本	92185.18	14461.35
信息覆盖率	0	0.88
生产能力/交货提前期	10116.7/（8，10）、（8，12）、（9，13）	9833.3/（8，12）、（10，11）、（9，13）
价格	（5，4）、（6，5）、（4，5）	（6，5）、（3，4）、（4，5）

续表

对比指标	供应商选择	
	不确定环境（1，3，5）	T-JIT 环境（3，4，5）
运输成本	（0.2，0.3）、（0.3，0.2）、（0.2，0.3）	（0.3，0.2）、（0.1，0.2）、（0.2，0.3）
交易成本	1200	2000
延迟交货率较高	（7，8）	（4，5）

表 4－8 对两种环境的优劣对比分析，不确定环境下侧重点主要考虑生产能力和交易成本，但价格水平、运输成本、延迟交货率较高，且交货提前期变短，总成本较高，可以看出不确定环境下的结果不是最优解。而在 T-JIT 环境下，综合考虑多种目标的影响，总成本较低，信息覆盖率、交货提前期高，价格、运输成本都相对较低，优势远远大于一般环境下供应商的选择，可以更全面准确地反映实际情况。

4.3.2　结果分析

信息化的供应链协同管理主要体现在供应链采购管理中信息共享率对供应商选择和订单分配问题（OR）的研究，该研究是近年来学术领域研究的重点，学者普遍从不确定性、多目标性等方面做出研究。本节主要结合系统工程理念，讨论了在 T-JIT 环境下供应商选择和订单分配问题的解决，达到精益物流生产，节约总的成本效益。

（1）构建两阶段模型。即利用 AHP-EM 和 TOPSIS 法对阶段 1 进行供应商选择，应用阶段 1 中的权重采用多目标混合整数规划模型对阶段 2 进行订单分配研究，把最大最小化法转换信息共享率法应用到总成本的计算，更加准确地计算出信息共享成本对总成本的重要影响。

（2）实例验证该方法的有效性和可行性。与已有的方法相比，该方法对供应商的合理选择和订单分配的准确性有显著提高；同时总结出在一般环境下和 T-JIT 环境下信息成本的重要性，扩展了供应链系统管理理论。实证研究表明，信息化的供应链协同管理可以提高企业供应链管理水平，增强企业核心竞争力。

4.4 本章小结

为了达成与供应商的战略合作伙伴联盟关系，稳固供应链协同管理中“共赢”的思想目标，需要供应商与采购商达成战略联盟合作伙伴关系，因此，供应商的选择成为供应链协同一体化的重要战略指标。本章研究了在 T-JIT 环境下供应链采购管理中的供应商选择和订单分配问题，提出两阶段法的选择模型。阶段 1 中建立 AHP-EM 和 TOPSIS 法选择供应商，应用阶段 1 中的权重对阶段 2 采用多目标混合整数规划模型进行订单分配问题研究，并用文献实例验证，对比出一般环境和 T-JIT 环境对供应链上供应商选择和订单分配问题的优势与劣势。这样就可以选择出高质量的长期合作的战略伙伴，提高企业供应链采购管理信息化协同水平和服务水平。

第 5 章

绿色度的供应链协同管理

多元化供应链协同管理除研究信息化的采购管理合作伙伴选择外，还需对选择好的供应商和制造商进行绿色度供应链协同管理研究。考虑绿色度的供应链各节点企业内部绿色协同管理是多元化角度供应链协同管理一体化的一个重要分支，它是从可持续发展角度考虑供应链各节点协同管理的研究。针对目前供应链环境恶化带来较高的运营成本、供应链协同管理效率低下等问题，同时面对顾客绿色环保意识的增强和 T-JIT 理念的进步，提出在信息共享机制下考虑绿色度和广告效应等因素对绿色供应链协同管理研究尤为重要。本书采用博弈理论法建立可持续供应链协同的集中决策模型和分散决策模型，并用数值模拟对比出绿色度和广告效应对绿色供应链和非绿色供应链利润的不同影响，同时做出相应的合作决策使利润收益最大化。

5.1 问题描述

传统的纵向一体化经济已经无法满足多角度供应链发展和企业环保理念的需求，因此，从绿色度的横向一体化角度来考虑供应链协同管理问题是近年来学术界研究的重点。近年来，学术界对纵向一体化物流供应链协同决策问题的关注越来越多，研究主要集中在对供应链的需求预测、采购管理、绩效评价、组织机制等问题，还没有考虑 T-JIT 环境下绿色度和广告效应等因素对二级供应链企业之间定价决策和期望利润的优化协同问题。以汽车整车生产为例，在原有 MRP Ⅱ 和 JIT 生产模式的基础上（孙清华，2010），融入核心的拉式生产体系信息共享的 T-JIT 管理理论和绿色生产相结合（见图 5－1），能达到汽车供应链整体的价值增值。

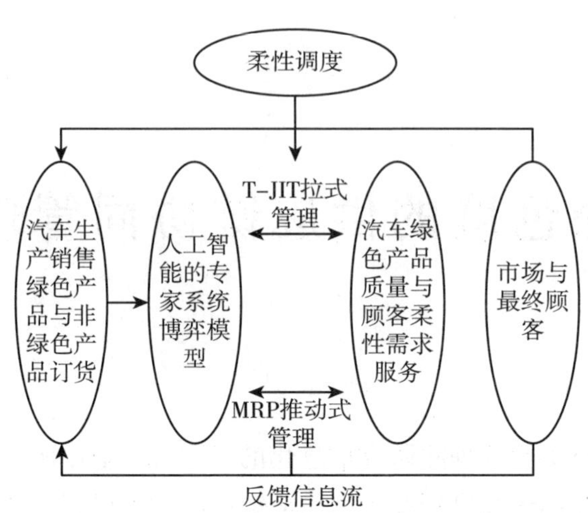

图 5-1 绿色度的 MRPⅡ和 T-JIT 有机结合的管理模式

本章以汽车供应链整体协同为对象，体现集中式供应链管理模式，决策者从整体利益出发做出决策。在信息完全共享的条件下，如何考虑广告效应、绿色度产品等因素对绿色供应链和非绿色供应链的集中决策模型和分散决策模型进行协调的问题。如图 5-2 所示，考虑只有一个生产商和一个销售商的二级供应链市场中，零售商从制造商批发产品，之后又把产品卖给顾客，且绿色供应链和非绿色供应链之间竞争激烈，其中绿色供应链生产绿色产品，非绿色供应链生产非绿色产品。顾客根据自己的喜好和对绿色产品的忠诚度选择产品（Jafar，2016；Ghosh，2012）。

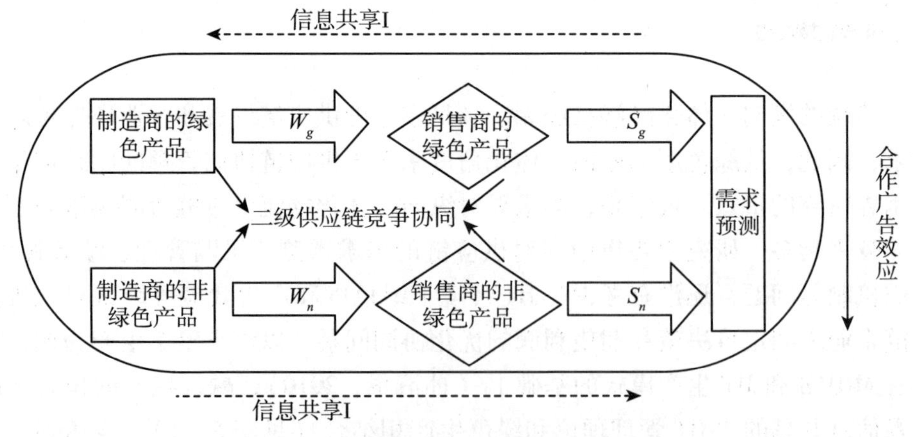

图 5-2 多种因素下二级供应链竞争协同

5. 2 建模与求解方法

5. 2. 1　模型假设和参数

1. 模型假设

首先，每个供应链的需求应为非负的；其次，供应链中的每个成员都应至少获得最小的预定利润（Seyed，2017；Hafezalkotob，2015）；最后，该模型前提条件是一个供应商和一个销售商的二级供应链市场，利润为非负，需求函数为线性价格需求，同时保证信息最大化共享。

2. 参数

表 5 - 1 提供了该问题中决策变量和参数的解释。

表 5 - 1　　各变量的解释

决策变量	含义
D_g、D_n	分别代表绿色供应链和非绿色供应链的需求
C_g、C_n	绿色产品和非绿色产品制造成本
Z_{rg}、Z_{rn}	零售商的绿色产品和非绿色产品的利润
Z_{mg}、Z_{mn}	制造商的绿色产品和非绿色产品的利润
Z_{adv}	广告投入所产生的利润
参数	**含义**
t_s	单位绿色产品对绿色度的补贴率
t_t	非绿色产品的广告效率
b_1	边际供应链需求的最终价格
b_2	交叉价格敏感度
ρ	消费者对绿色供应链的忠诚度 $0 \leqslant \rho \leqslant 1$
η	单位绿色产品的绿色度成本系数
θ	绿色产品的绿色度
ε	绿色供应链对每单位绿色产品绿色度需求的扩张性系数
μ	潜在的价格需求
S_g、S_n	销售商销售的绿色产品和非绿色产品价格
W_g、W_n	制造商制造的绿色产品和非绿色产品的批发价格

（1）绿色度需求函数。C_g 表示制造商生产绿色产品时比普通产品额外增加的制造成本，且认为该绿色度成本对制造商的传统边际成本没有影响，因此，可以认为绿色度成本函数为一个二次函数（Seyed，2017）：

$$C_g(\theta) = \eta\theta^2 \tag{5.1}$$

（2）需求函数。包括直接需求函数和间接需求函数，且该函数可以表示为：$D = f(P)$、$P = f(D)$，而且对每个二级供应链来说，绿色和非绿色产品的最终价格需求、绿色度需求和消费者对绿色供应链的忠诚度需求都呈现一种线性函数关系。以杨潇（Yang X，2016）、陈清（Chen，2015）、郝丽（Li. H，2016）的需求假设为参考，得出以下需求函数：

$$D_g = \rho\mu - b_1(S_g - t_s\theta) + b_2(S_n + t_t) + \varepsilon\theta \tag{5.2}$$

$$D_n = (1 - \rho)\mu - b_1(S_n + t_t) + b_2(S_g - t_s\theta) \tag{5.3}$$

其中，$b_1 \geqslant b_2$ 表示供应链自身价格比其他价格影响大。商家对广告成本的投入为 $t_s\theta$，则顾客承担 $S_g - t_s\theta$ 的费用来购买绿色产品。为了对非绿色产品进行补偿，顾客必须承担 $S_n + t_t$ 的费用。

（3）广告效应。广告效应在绿色供应链管理中起着重要的作用，为了鼓励顾客选择绿色产品，商家会投入更多的广告成本，同时呼吁顾客减少对环境的破坏，从而节省一部分成本。广告效应所带来的利润函数为：

$$Z_{adv} = (-\lambda(\theta_s - \theta) - t_s\theta)D_g + (-\theta_s\lambda + t_t)D_n \tag{5.4}$$

其中：θ_s 是单位产品的标准化绿色度水平，比每个单位产品的绿色度要低；λ 指单位产品的 θ_s 和 θ 之间不同的成本/收入系数。广告收入包括绿色产品成本和非绿色产品绿色投入，包括更多的可持续产品宣传和资源环境的安全和回收利用程度。

5.2.2 模型构建

构建在集中决策和分散决策下，决策者如何做出以利润最大化为目标协调绿色供应链。制造商、零售商的利润函数表示如下：

$$Z_{rg} = (S_g - W_g)D_g \tag{5.5}$$

$$Z_{rn} = (S_n - W_n)D_n \tag{5.6}$$

$$Z_{mg} = (W_g - C_g)D_g - \eta\theta^2 \tag{5.7}$$

$$Z_{mn} = (W_n - C_n)D_n \tag{5.8}$$

式（5.5）~式（5.8）分别表示绿色供应链零售商、非绿色供应链零售商、绿色供应链制造商、非绿色供应链制造商的利润函数。基于上述公式，分别确定集中决策和分散决策模型。

1. 集中决策模型

集中决策系统要求制造商和零售商高度整合，做出任何价格决策都以供应链整体利润最大化为目标，因此得出绿色供应链和非绿色供应链的总利润为：

$$Z_g = Z_{mg} + Z_{rg} = (S_g - C_g)D_g - \eta\theta^2 \tag{5.9}$$

$$Z_n = Z_{mn} + Z_{rn} = (S_n - C_n)D_n \tag{5.10}$$

对以上模型优化决策变量进行计算。通过对 S_g、S_n 和 θ 求偏导，即 $\partial Z_n/\partial S_n = 0, \partial Z_g/\partial S_g = 0, \partial Z_g/\partial\theta = 0$ 可得出如下定理：

➢ 定理 1：供应链协同管理是一个高度整合的系统，要求集体利益高于个体利益，在集中决策模型中的优化参数决策为（Xie J，2009）：

$$\begin{aligned} S_g = {} & c_g(b_1t_s + \varepsilon)(2b_1^2t_s + 2b_1\varepsilon) \\ & - 2\eta(b_1(2b_1c_g + b_2(c_n + t_t)) + \mu(b_1 + 2b_1\rho - b_2\rho))/\varphi \end{aligned}$$

$$S_n = \frac{\left(\begin{aligned} & b_1^3t_s^2(c_n - t_t) + b_1(b_2^2t_s^2t_t + (c_n - t_t)\varepsilon^2 + b_2c_g(t_s\varepsilon - 2\eta)) + b_2(c_g\varepsilon^2 + \\ & b_2t_t(t_s\varepsilon - 2\eta)) + 2b_1^2(c_n - t_t)(t_s\varepsilon - 2\eta) + \mu(\varepsilon^2 - b_1^2t_s^2(-1 + \rho) + \\ & b_2t_s\varepsilon\rho - \varepsilon^2\rho - 2b_2\eta\rho + b_1(-2t_s\varepsilon(-1 + \rho) + 4\eta(-1 + \rho) + b_2t_s^2\rho)) \end{aligned}\right)}{\varphi}$$

$$\theta = \frac{-(b_1t_s + \varepsilon)(-2b_1^2c_g + b_2^2c_g + b_1b_2(c_n + t_t) + \mu(b_2 + 2b_1\rho - b_2\rho))}{\varphi}$$

其中 $\varphi = 2b_1^3t_s^2 + b_1(-b_2^2t_s^2 + 2\varepsilon^2) + (4b_1^2 - b_2^2)(t_s\varepsilon - 2\eta)$。

2. 分散决策模型

采用 Stackelberg 博弈，以零售商为主导者，供应商为跟随者，决策时以各自利益最大化为总目标，两者分别以自身利润最大化为目标进行决策。绿色产品的批发价格和绿色度成本由制造商来决定，零售商也为了最大化自己的利润选择最优价格，因此我们需要通过调整批发价格和绿色产品的绿色度来建立零售商的反应函数。

➢ 定理 2：净价的最好反应函数为（Xie J，2009）：

$$S_g = -b_2^2t_s\theta + 2b_1^2(W_g + t_s\theta) + b_1(b_2(t_t + W_n) + 2\varepsilon\theta)$$

$$+\mu(b_2+2b_1\rho-b_2\rho)/(4b_1^2-b_2^2)$$

$$S_n=-2b_1^2(t_t-W_n)+b_1b_2(W_g-t_s\theta)+b_2(b_2t_t+\varepsilon\theta)$$
$$+\mu(-2b_1(-1+\rho)+b_2\rho)/(4b_1^2-b_2^2)$$

根据分散决策中每个函数的联合凹凸性（张韦唯，2017），通过计算 $\partial Z_{rg}/\partial S_g=0,\partial Z_{rn}/\partial S_n=0$ 推导出最优的净价反应函数。同理，制造商的决策变量也通过对 $\partial Z_{mg}/\partial W_g=0,\partial Z_{mn}/\partial W_n=0,\partial Z_{mg}/\partial\theta=0$ 进行计算得到，制造商利润函数的净价来替代，净价的最优价值也通过零售商的最优价值反应函数来替代。

3. 考虑绿色度供应链 ρ 和 θ 的变化率

ρ 和 θ 是反应绿色度供应链的重要指标，对供应链的利润和净价都有重要的影响（Seyed，2017），分别对以上相关指标求关于 ρ 和 θ 的偏导，得出表 5－2，该表指出了这两个因素的变化对供应链管理的影响。

表 5－2　　顾客绿色产品忠诚度和绿色度变化的影响效率

变化率	CM	DM
$\partial S_g/\partial\rho$	$\eta>C$	$\eta>A$
$\partial S_n/\partial\rho$	$(t_s<\varepsilon/b_1\&C<\eta<D)$ or $(t_s>\varepsilon/b_1\&D<\eta<C)$	$(t_s<B\&A<\eta<C)$ or $(t_s>B\&C<\eta<A)$
$\partial\theta/\partial\rho$	$\eta>C$	$\eta>A$
$\partial(D_g+D_n)/\partial\rho$	$\eta>C$	$\eta>A$
$\partial(S_g-S_n)/\partial\rho$	$D<\eta<C$	$C<\eta<A$
$\partial Z_g/\partial\theta$	$\theta<(S_g-c_g)(b_1t_s+\varepsilon)/2\eta$	$\theta<E$
$\partial Z_n/\partial\theta$	—	—

表 5－2 中的 A、B、C、D 可以表示为：

$$A=\frac{b_1(2b_1^2t_s-b_2^2t_s+2b_1\varepsilon)(8b_1^4t_s-9b_1^2b_2^2t_s+2b_2^4t_s+8b_1^3\varepsilon-3b_1b_2^2\varepsilon)}{2(64b_1^6-84b_1^4b_2^2+33b_1^2b_2^4-4b_2^6)}$$

$$B=\varepsilon(6b_1^2-2b_2^2)/(2b_1^3-b_1b_2^2)$$

$$C=(b_1t_s+\beta)(2b_1^2t_s-b_2^2t_s+2b_1\beta)/(8b_1^2-2b_2^2)$$

$$D=(b_1t_s+\beta)(b_1t_s-b2t_s+\beta)/(4b_1-2b_2)$$

$$E=(w_g-c_g)(b_1t_s+\varepsilon)/2\eta$$

5.3 数值模拟

5.3.1 数值假设

为了最大化供应链各节点企业的期望利润，使每个成员的供应商和销售商实现共赢，所以 t_s 和 t_t 的边际效应首先明确最优取值选取有效值。下面用数值模拟来验证在集中决策和分散决策模型下考虑产品绿色度、广告投入等因素对各节点企业期望利润决策的影响。参考谢杰（Xie J，2009）、杨潇（Xiao Y，2016）、陈婷（Chen，2015）的研究，并根据本书的研究特点，假设信息完全共享，根据 T-JIT 的思想，当绿色产品质量需求系数 ε 增大时，绿色度需求也将增大，调整后的原始数据如表 5－3、表 5－4 所示。

表 5－3　　在集中决策中不同参数的优化值

参数值	t_s	t_t	z_{adv}	z_g	z_n	s_g	s_n	θ
默认值	0.68	20.68	730.705	59.518	10	251.68	52.79	238.53
$\mu=2400$	0.43	129.72	421.831	156.082	10	260.39	52.79	207.56
$b_1=5$	0.49	88.76	423.633	52.461	10	240.96	52.79	227.62
$b_2=4$	0.59	65.30	749.182	99.471	10	260.68	52.79	233.68
$\varepsilon=5$	0.97	0.88	605.141	54.499	10	249.93	52.79	238.37
$c_g=25$	0.68	20.35	1036.780	67.368	10	260.86	52.79	253.77
$c_n=20$	0.70	15.86	1507.410	68.124	10	283.57	52.79	276.39
$\eta=10$	1.34	1.69	－349.20	57.294	10	259.65	52.79	179.60
$\rho=0.7$	0.66	6.27	880.038	72.487	10	260.80	52.79	245.11
$\lambda=15$	0.68	20.69	1219.170	59.518	10	251.68	52.79	238.53
$\theta_s=200$	0.68	20.69	－177.471	59.180	10	250.42	52.79	238.53
$t_s=0$	0	18.31	－820.837	13.601	100.81	81.16	52.94	30.68
$t_t=0$	0.72	0	443.737	548.760	159.95	242.863	62.80	229.04
$t_s=0\&t_t=0$	0	0	－906.275	126.720	152.62	79.36	61.70	29.62

表 5-4　在分散决策中不同参数的优化值

参数值	t_s	t_t	z_{adv}	z_g	z_n	s_g	s_n	θ
默认值	1.30	27.14	-153.490	133.719	10	390.80	80.92	174.06
$\mu=2400$	0.96	139.71	-271.265	189.712	10	399.26	52.79	157.48
$b_1=5$	1.15	108.04	-148.461	159.038	10	467.85	52.79	227.62
$b_2=4$	1.06	111.38	-160.488	166.365	10	410.65	52.79	173.82
$\varepsilon=9$	1.00	43.82	-77.035	139.436	10	397.99	52.79	185.54
$c_g=25$	1.30	27.84	-65.466	150.262	10	407.47	52.79	193.03
$c_n=20$	1.32	23.76	3976.000	157.350	10	425.91	52.79	201.63
$\eta=2.5$	0.65	46.58	496.161	132.410	10	386.90	52.79	253.50
$\rho=0.65$	1.29	20.65	-109.913	144.722	10	403.26	52.79	187.52
$\lambda=15$	1.30	27.14	-134.040	133.719	10	390.80	52.79	182.09
$\theta_s=200$	1.30	27.14	-644.386	133.719	10	390.80	52.79	182.09
$t_s=0$	—	12.00	-448.220	10.651	10	101.40	52.94	14.70
$t_t=0$	1.30	—	-258.736	127.301	16.900	382.06	62.80	177.67
$t_s=0\&t_t=0$	—	—	-478.473	10.421	12.893	100.62	61.70	14.52

根据以上参数，考虑广告效应 t_t和绿色度补贴率 t_s对供应链主体投入广告效率利润的影响，首先输入参数的默认值进行计算，采用 MATLAB 对以上模型进行编程计算（见附录 3），得出图 5-3。

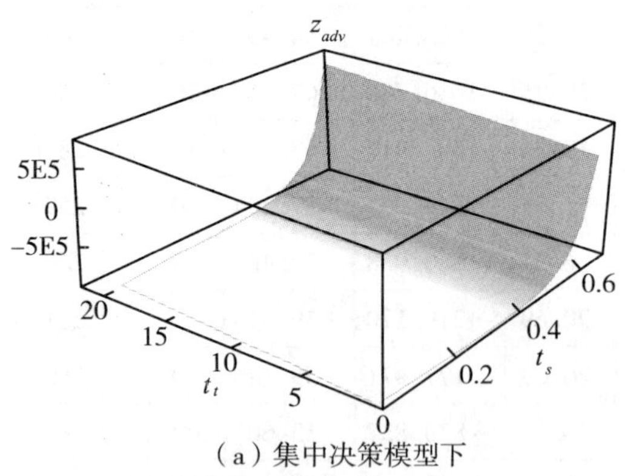

（a）集中决策模型下

图 5-3　广告投入利润的变化趋势

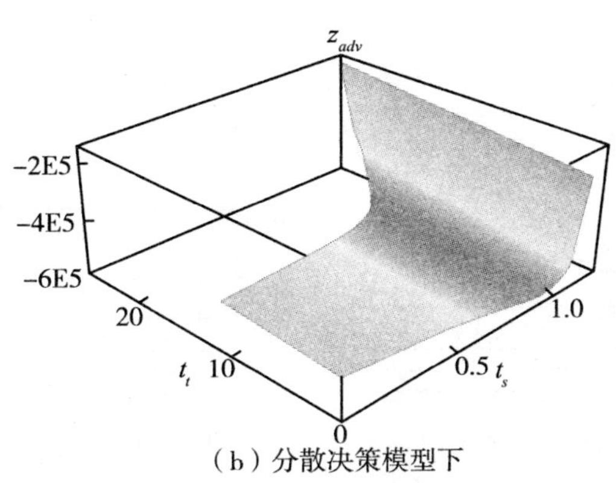

（b）分散决策模型下

图 5－3　广告投入利润的变化趋势（续）

从图 5－3（a）可以看出，广告效益随着绿色产品的绿色度和非绿色产品的广告率增加而增加，其广告利润最大值在 t_s 和 t_t 的边际范围处，如果超出了边界范围，则非绿色产品供应链的广告利润就会小于总体利润的最小值，这种情况下制造商和零售商就没有达到共赢的状态，不愿意选择合作。当广告效率投入为 0 时利润随着绿色度的减少而减少，制造商和销售商只有选择绿色度高的产品才能共赢。从图 5－3（b）可以看出，在分散决策模型下，增加 t_t 的值可使广告促销服务总利润增加，但在 t_s 很小时，广告投入的利润随着 t_s 的增加而减少，但过了某一临界值，就随着 t_s 的增加而增加。

5.3.2　数值敏感性分析

1. 绿色度补贴率 t_s 投入

（1）讨论企业绿色度的补贴率投入变化对利润、价格、需求的影响。首先所有的参数不变设为默认值，把 t_t 的值设为 10。在分散模型中，为确保企业的竞争性，需保证每个供应链节点企业获取最低的利润，该值设为 10000。图 5－4、图 5－5 显示了绿色供应链和非绿色供应链企业利润随着绿色度补贴率投入变化而变化的情况。其中 Z_{mg}^d、Z_{rg}^d、Z_{mn}^d、Z_{rn}^d、Z_n^d、Z_g^d 分别表示分散决策模型下绿色供应链的制造商和零售商的总利润、非绿色供应链制造商和零售商的总利润、非绿色产品的利润、绿色产品的利润；Z_n^c、Z_g^c 表示集中决策模型下非绿色产品和绿色产品的利润。

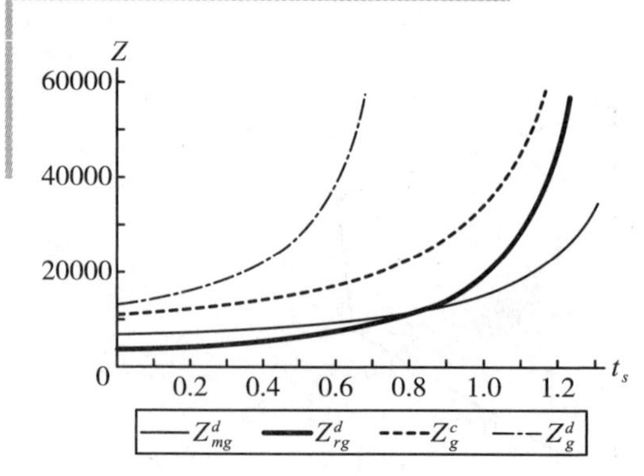

图 5－4　绿色度补贴率对绿色供应链的利润的影响

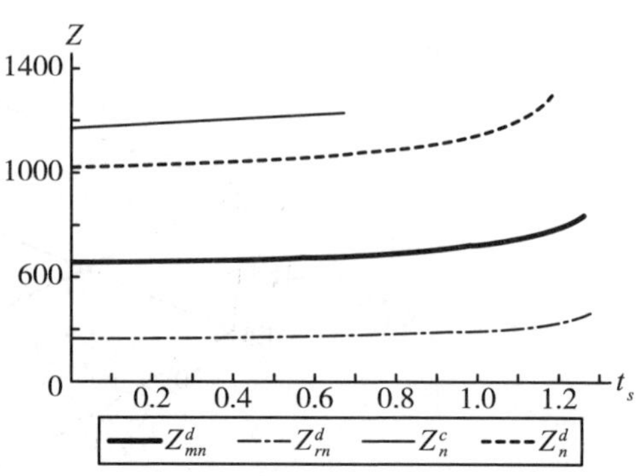

图 5－5　绿色度补贴率对非绿色供应链的利润的影响

图 5－4、图 5－5 显示了在集中决策模型和分散决策模型下网络直销渠道制造商和传统零售渠道的总利润随着绿色度补贴率的变化曲线，可以看出，所有的利润都随着绿色度补贴率的增加而增加，其中利润增加幅度最大的还是集中决策模型下绿色供应链的总利润，制造商的利润也比零售商的利润大。此外还可以看出，在集中决策模型中，供应链的总利润比分散决策模型的利润大。综上可知，加大对绿色补贴率的投入可以鼓励供应链中每个成员多生产绿色产品，同时加强内部绿色度项目优化合作可以提高整体供应链的总利润。

（2）讨论绿色度补贴率对净价和批发价格的影响。对数据进行模拟，得出图 5－6、图 5－7，其中 S^c_g、S^c_n、S^d_g、S^d_n分别代表集中决策模型下绿色产品和非绿色产品的净价、分散决策模型下绿色产品和非绿色产品的净价；W_g、W_n、W_g-W_n分别表示绿色产品和非绿色产品的批发价格、绿色产品和非绿色产品批发的差值；$S^d_g-W_g$、$S^d_n-W_n$分别代表绿色产品和非绿色产品的毛利润

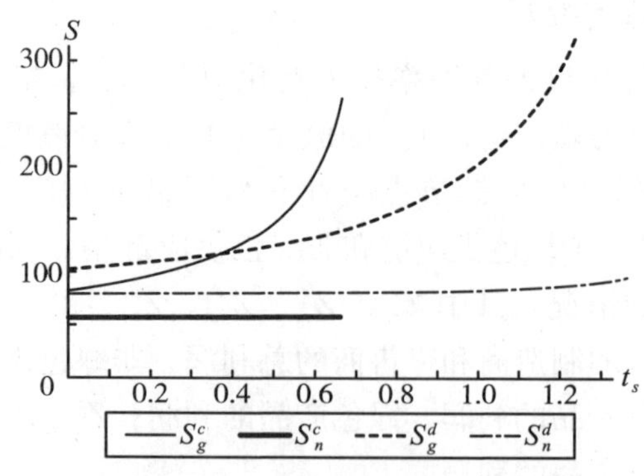

图 5－6　绿色度补贴率对净价的影响

的不同变化。

图 5－6 说明了绿色和非绿色产品的净价随着 t_s 的变化趋势。在集中和分散模型中，绿色产品净价的曲线变化幅度比非绿色产品大；当 $t_s>0.4$ 时，$S_g^c>S_g^d>S_n^d>S_n^c$；$t_s<0.4$ 时，$S_g^d>S_g^c>S_n^d>S_n^c$，可以得出在非绿色产品供应链中，分散决策模型的净价高于集中决策模型；只有当 t_s 足够大时，绿色供应链产品集中决策模型的净价才大于分散决策模型。

图 5－7 说明非绿色产品的批发价格随着产品绿色度补贴率的增加而增长缓慢，绿色产品供应链的批发价格随着产品绿色度补贴率的增加而快速增长，而绿色产品和非绿色产品的净利润随着产品绿色度补贴率的增加而快速增长。因此，随着绿色度补贴率的增加，绿色产品的价值比非绿色产品的价值增加速度快。

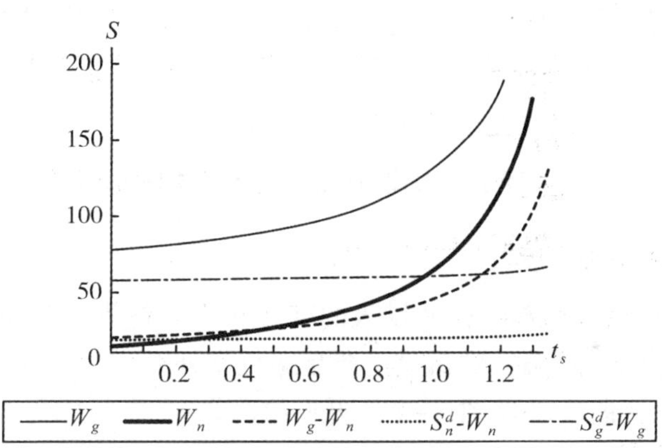

图 5－7　绿色度补贴率对批发价格的影响

（3）讨论产品绿色度和市场需求随着 t_s 变化的情况。D_g^c、D_n^c、D_g^d、D_n^d、D^c、D^d 分别代表在集中决策模型中绿色供应链和非绿色供应链的需求、分散决策模型中绿色供应链和非绿色供应链的需求、集中决策和分散决策下整个供应链的需求；θ^c、θ^d、θ_s 分别代表集中决策下产品绿色度、分散决策下产品绿色度、随着 t_s 的增加趋势绿色度整体增长趋势曲线。

由图 5－8 可以看出，在分散和集中模型中，产品绿色度都是随着 t_s 的增加而增加，而 $t_s>0.6$ 时，绿色度需求量增长幅度迅速提升，且集中模型中需要付出的绿色度补贴少于分散模型，在 t_s 不变时，集中模型也需要更多的绿色度产品。从绿色度需求来看，分散模型和集中模型都对绿色度产品有极高的需求，可知随着绿色度补贴率的增加，政府需要增加绿色度补贴投入，同时扩充绿色产品市场规模；并且还要选择集中决策模型来提高供应链管理的可持续性。

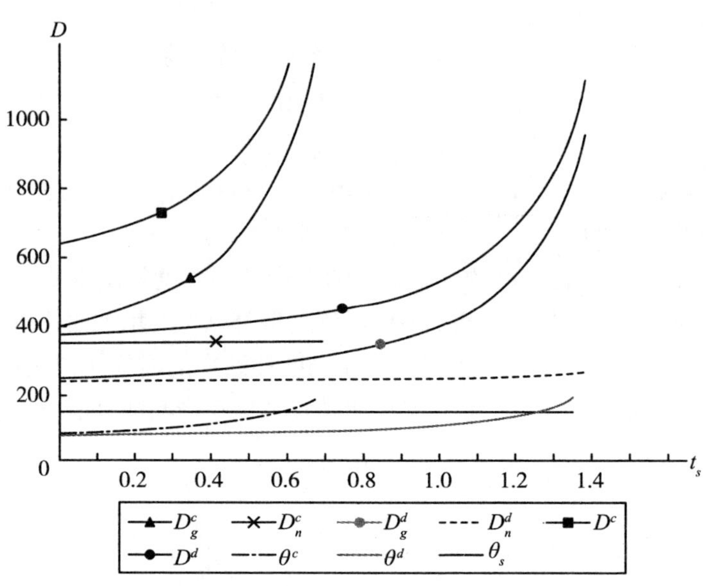

图 5-8　绿色度补贴率对产品绿色度和市场需求的影响

2. 广告效应补贴 t_t 投入

（1）为了分析广告效应补贴投入的变化对供应链管理和企业各主体的影响，首先输入系统默认值，然后设定产品绿色度补贴率为 0.6。数值模拟得出利润随着 t_t 的变化曲线（见图 5-9、图 5-10）。

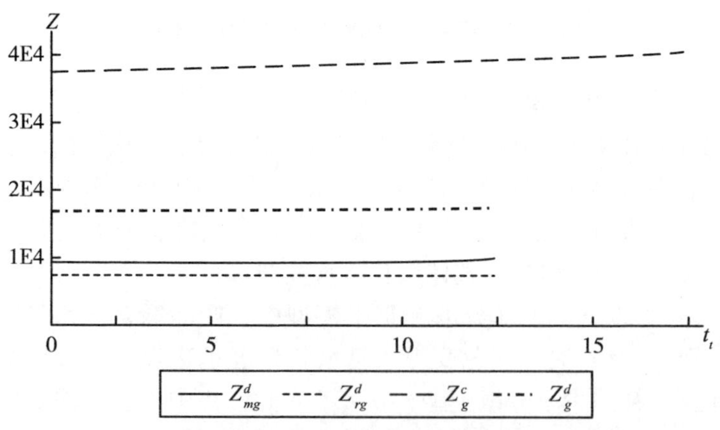

图 5-9　广告效应补贴对绿色供应链的利润的影响

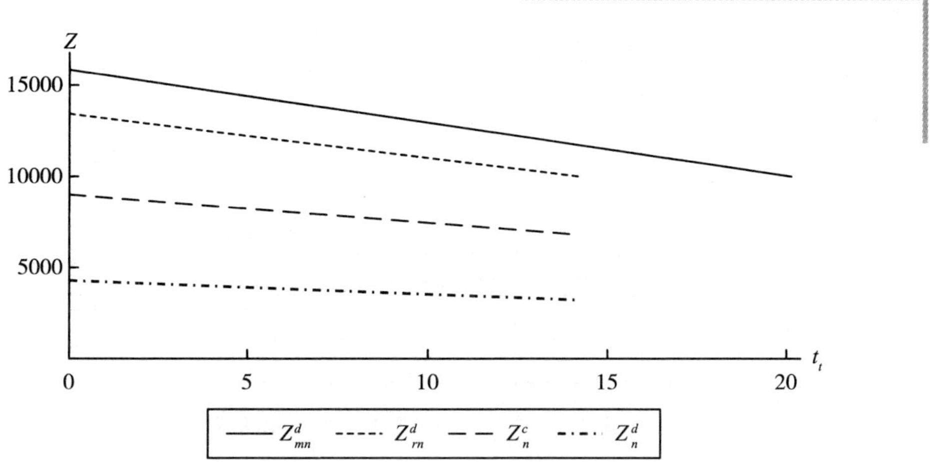

图 5－10　广告效应补贴对非绿色产品供应链的利润的影响

从图 5－9 和图 5－10 可以看出，随着 t_t 的增加，绿色供应链的制造商、零售商的利润都在缓慢地增加，而在分散决策模型下供应链的总利润比集中决策模型高；但是在非绿色产品供应链中各节点企业的利润和总利润反而在减少；同时绿色产品和非绿色产品供应链中，集中决策模型的总利润要大于分散决策模型，且制造商的利润大于零售商的利润。

（2）考虑广告效应在集中和分散决策模型下净价和批发价格的变化率（见图 5－11、图 5－12）。

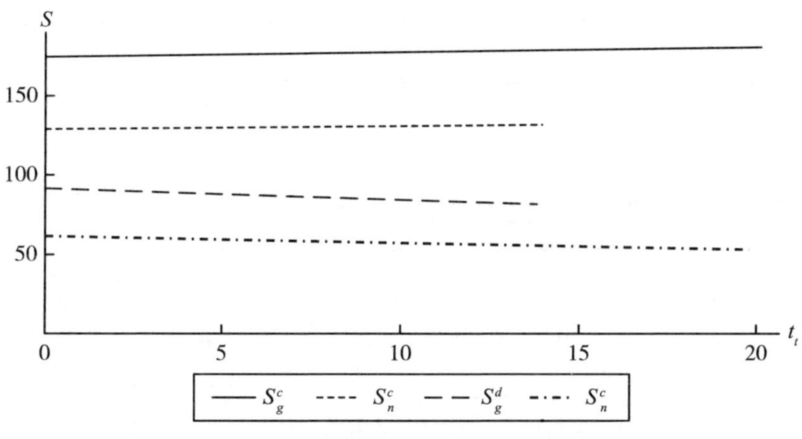

图 5－11　广告效应补贴对净价的影响

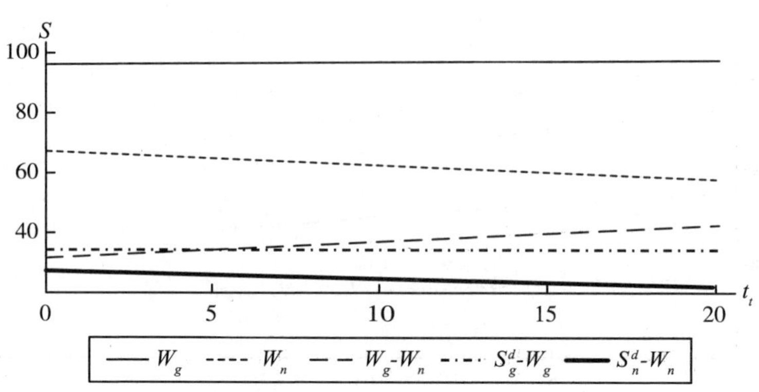

图 5－12　广告效应补贴对批发价格的影响

图 5－11 说明，随着广告投入的增加，非绿色供应链应该减少非绿色产品的进价以提高产品的市场竞争力，绿色产品的净价缓慢增长，非绿色产品的净价缓慢减少；当 t_s 不变，随着 t_t 的增加，可以看出集中决策模型中绿色产品的净价高于分散模型，但是在非绿色供应链产品中，分散决策模型的净价高于集中决策模型。由图 5－12 可知，随着广告效益的增加，非绿色产品的批发价格下降。而在分散决策中，绿色产品的利润比非绿色产品利润大。

（3）市场需求和可持续性变化率曲线随着广告效应的变化而变化，如图 5－13 所示。

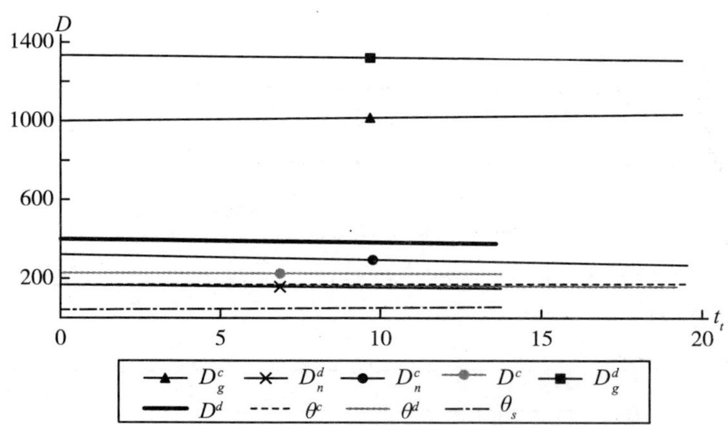

图 5－13　广告效应补贴对市场需求和绿色度产品的影响

图 5－13 说明了绿色供应链产品的市场需求在集中和分散决策模型下都呈现缓慢的增长趋势，但是在非绿色产品供应链中市场需求急速减少，导致总的

市场需求呈现下降趋势；而集中模型的总需求高于分散模型，这取决于在集中模型和分散模型中绿色供应链和非绿色供应链市场需求的不同。由图 5 – 13 可知，在分散决策模型中绿色产品的绿色度几乎不随着 t_t 的变化而变化，而在集中决策模型中，绿色产品的绿色度随着 t_t 的变化缓慢增长。以上信息说明，广告效率的补贴战略不是提高可持续性产品的有效手段，该策略有可能导致产品市场需求的减少，不利于产品发展竞争。

5.3.3　结果分析

建立集中决策和分散决策模型，对绿色供应链和非绿色供应链对比分析，同时对不同参数进行数值模拟的敏感度分析，得出以下结论：

（1）产品绿色度对二级供应链有重要影响，产品绿色度越高，可导致供应链企业对产品绿色度的需求越高，只有制造商和零售商采取合作策略，才能保证各自所获得的利润越大。

（2）广告效应对制造商和零售商的影响意义重大，广告投入越多，对整体利益影响越大，使整体利润和绿色供应链的利润、绿色产品价格都有所上升，但可以使非绿色供应链的利润下降，同时绿色产品的绿色度随着广告效率投入不同而有所不同。

（3）在考虑产品绿色度和广告效率因素的基础上，得到在集中决策模型中总的需求、净价和批发价格等都有所增长，绿色供应链的总利润也较非绿色产品大，因此，广告效应和产品绿色度对绿色供应链协同管理具有重要的作用，启发供应链主体和政府部分加强绿色度和广告投入补贴，规范可持续供应链体制机制改革，鼓励采用合作共赢的战略模式来达到供应链总利润最大化的目的。

5.4 本章小结

本章研究了在一个制造商和零售商的二级供应链中，以 T-JIT 环境为背景，以多元理论为基础，考虑广告效应、产品绿色度等因素对绿色供应链和非绿色供应链企业在分散决策模型和集中决策模型下的利润策略协调问题，从而引导供应链企业和相关政府部门加强绿色度和广告补贴投入，企业在合作的同时产出更多绿色环保产品才能给企业带来更大的利润。未来研究中可以考虑逆向需求函数来代替直接需求函数；还可以考虑在信息不对称条件下的绿色度供应链协同管理，使问题更具体、全面，为可持续供应链协同发展提供理论支持。

第 6 章

网络化的双渠道供应链风险绩效协同管理

考虑传统供应链绿色度协同管理后，还需对近年来热议的双渠道供应链（见图 6－1）网络化协同风险绩效管理进行研究。该研究主要体现传统渠道和网络渠道相互之间如何约束来达到整个供应链的协同。目前传统销售渠道和现代网络销售渠道相结合的双渠道结构对供应链协同提出机遇和挑战，而如何协调线上、线下合理运作使系统绩效最优化是网络化供应链协同的关键。由于双渠道供应链自身的复杂性，加上外界不确定性环境的影响，企业需对双渠道供应链风险中的绩效评价和线上、线下渠道协同优化进行决策。

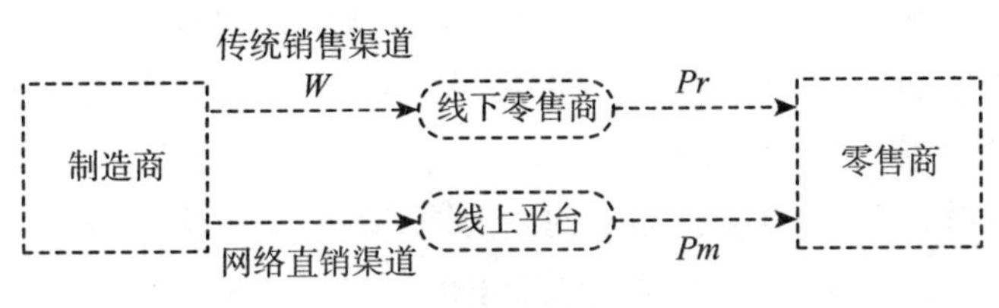

图 6－1　双渠道供应链结构

6.1 问题描述

双渠道供应链强调，在 T-JIT 环境下，线上、线下各节点企业如何协调优化以使整体利益最大化；但是由于双渠道供应链本身特征和外部环境的不确定性、客户需求的多样性所决定的双渠道供应链协同风险的复杂性问题突出，影响企业协同风险绩效评价与双渠道节点企业间线上、线下协调管理效率。本章在一个二级供应链的双渠道模式下，将因子分析法（FAM）和逼近理想点排序法（TOPSIS）同时融入模糊数学理论，建立双渠道供应链协同风险绩效的模糊评价模型，对多属性评价指标进行降维处理，解决了双渠道风险协同评价指标融合和评价指标过硬问题；同时考虑广告促销因素对双渠道供应链线上、线下的期望利润最大化条件下如何平衡来达到协调；并用算例和仿真验证该方法和模型的可行性与有效性，为双渠道供应链绩效评价和风险协同优化决策提供一种可行的方法借鉴。

6.2 双渠道供应链协同风险指标选择

指标选取是双渠道供应链协同风险绩效管理的关键环节，是保证双渠道供应链稳定安全运行的前提。双渠道供应链节点企业多、地理位置分布广泛、参与环节多，注定了其复杂性、广泛性的特点，再加上双渠道供应链自身的特殊性，对双渠道供应链协同风险绩效的研究尤为重要。

根据供应链协同管理的目标，对供应链风险分为：质量风险、时间风险、成本风险；从管理机制的理念出发，分为竞争风险、沟通风险、协同风险；从管理内容上看，可以分为信息风险、战略风险、业务风险、信任风险、标准风险、分配风险、文化风险（徐琪，2015）。根据网络化双渠道供应链自身的特点，将双渠道供应链指标分为信息共享、顾客服务水平、财务业绩、市场能力四个指标（李舒颖，2017）。

本章从系统宏观的角度出发，考虑双渠道供应链是一条完整闭合的增值链，其稳定性必然受到供应链线上和线下的影响，因此把双渠道供应链链上的协同风险视为内生风险，供应链链下的风险视为外生风险（郝丽，2018）。内生风险指供应链系统内部各要素成员之间的交替流动。这类风险是由于缺乏透明性、主导意识淡薄、JIT 的不正确应用和预测决策的效率低所导致的，因此着重考虑双渠道供应链内部利益分配、双渠道的沟通协作、产品质量、信息共享等风险；外生风险指供应链与外部环境的互动风险和人为的促销服务风险，包括信息中断、自然灾害、人员罢工突发事件、恶意破坏、广告补贴率降低或中断等造成的损害。通过促销服务风险能体现整个双渠道供应链网络化水平，如图 6－2 所示。

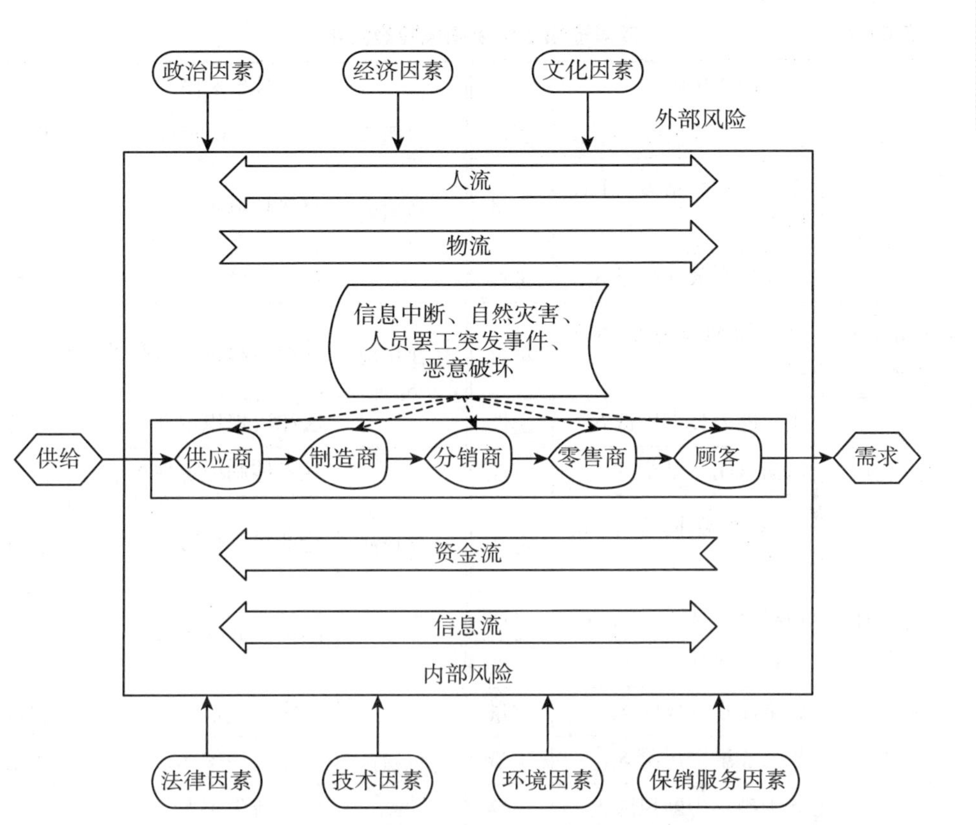

图 6－2　双渠道供应链协同风险影响因素

考虑双渠道供应链自身的混合性特征，在一些学者研究指标的基础上把原有指标融会贯通并强调人文风险、沟通协作风险、财务风险、促销服务风险对双渠道供应链协同风险的影响，对道德风险指标采用定性度量法，根据具体的供应链案例所在的道德风险环境做出判断，从人为故意破坏和管理延误两大方面进行度量；同时为了使风险绩效评价指标的可靠性高、有效性强，可把指标细分为一级指标和二级指标（Li H，2016），采用梯形直觉模糊数的 FAM-TOPSIS 法对双渠道供应链风险管理的绩效评价指标优化选择问题进行研究。

根据张韦唯（2017）、黄晓霞（2016）、苏乐天（2015）、邱建华（2013）、孙清华（2010），得出双渠道供应链协同风险的影响因素，如表 6－1 所示。

表 6－1　双渠道供应链协同风险影响指标

内生风险			外生风险		
一级指标	二级指标	属性	一级指标	二级指标	属性
沟通协作风险 S_1	企业间联系渠道拥堵 S_{11}	定量	环境风险 S_9	自热环境 S_{91}	定性
	沟通的有效性缺乏 S_{12}	定性		社会环境 S_{92}	定性
利益分配风险 S_2	企业间利益分配不均衡 S_{21}	定量	法律风险 S_{10}	政治法规符合指数 S_{101}	定量
诚信风险 S_3	供应链人员素质低 S_{31}	定性		法律法规稳定性 S_{102}	定性
	诚信机制不健全 S_{32}	定性	经济风险 S_{11}	经济体制稳定性 S_{111}	定性
	供应链合同不完备性 S_{33}	定性		行业景气指数 S_{112}	定量
信息风险 S_4	信息真实性 S_{41}	定性		GDP 增长速度 S_{113}	定量
	信息有效性 S_{42}	定性			
财务风险 S_5	资金流动性风险 S_{51}	定量	市场风险 S_{12}	供需率 S_{121}	定量
	投资、融资风险 S_{52}	定量		汇率波动率 S_{122}	定量
道德风险 S_6	人为破坏中断风险 S_{61}	定性		顾客流失率 S_{123}	定量
	管理漏洞延迟风险 S_{62}	定性		市场开发效率 S_{124}	定量
	个人私立主义目标冲突风险 S_{63}	定性	技术风险 S_{13}	技术先进性指数 S_{131}	定量
运营能力风险 S_7	内部资源整合能力 S_{71}	定量		质量合格率 S_{132}	定量
	总运营成本水平 S_{72}	定量		产品替代柔性指数 S_{133}	定性
	最终产品周转率 S_{73}	定量	人文风险 S_{14}	顾客思想先进性 S_{141}	定性
	企业间合作能力 S_{74}	定性		企业文化差异性 S_{142}	定性
管理风险 S_8	交货及时性风险 S_{81}	定量	促销服务风险 S_{15}	制造商广告投入 S_{151}	定量
	库存周转风险 S_{82}	定量		零售商广告投入 S_{152}	定量
	人事管理风险 S_{83}	定性			

6.3 梯形直觉模糊数的 FAM-TOPSIS 法的供应链协同风险评价

6.3.1 梯形直觉模糊数的定义及运算规则

定义 6-1：假设 X 是一个非空集，$\tilde{b} = \{(x, \mu_{\tilde{b}}(x), v_{\tilde{b}}(x)) \mid x \in X\}$ 为 X 论域上的模糊集，其中 $u_{\tilde{b}}(x)$、$v_{\tilde{b}}(x)$ 分别表示 X 中元素 x 属于 $\tilde{b}$ 的隶属度和非隶属度，即 $u_{\tilde{b}}(x): X \in [0, 1]$；$x \in X \to u_{\tilde{b}}(x) \in [0, 1]$；$v_{\tilde{b}}(x): X \in [0, 1]$，$x \in X \to v_{\tilde{b}}(x) \in [0, 1]$。且满足条件 $0 \leqslant u_{\tilde{b}}(x) + v_{\tilde{b}}(x) \leqslant 1$，$\forall x \in X$。

另外，$\pi_{\tilde{b}}(x) = 1 - u_{\tilde{b}}(x) - v_{\tilde{b}}(x)$ 为犹豫函数，其值越小代表模糊数越确定。例如 $[u_{\tilde{b}}(x), v_{\tilde{b}}(x)] = [0.6, 0.3]$，在选举模型中总共有 10 人；则说明 6 人赞成，3 人反对，1 人弃权（周晓辉，2014；刘文生，2016；向隅，2011）。

定义梯形模糊数 $B = <(b_m, b_1, b_2, b_n), q_{\tilde{b}}, p_{\tilde{b}}>$，其为实数集 R 上的一个直觉模糊集，则隶属函数和非隶属函数分别为：

$$u_{\tilde{b}}(x) = \begin{cases} \dfrac{x - b_m}{b_1 - b_m} q_{\tilde{b}}, & b_m \leqslant x < b_1 \\ q_{\tilde{b}}, & b_1 \leqslant x \leqslant b_2 \\ \dfrac{b_n - x}{b_n - b_2} q_{\tilde{b}}, & b_2 < x \leqslant b_n \\ 0, & x < b_m, x > b_n \end{cases} \tag{6.1}$$

$$v_{\tilde{b}}(x) = \begin{cases} \dfrac{b_1 - x + p_{\tilde{b}}(x - b_m)}{b_1 - b_m}, & b_m \leqslant x < b_1 \\ p_{\tilde{b}}, & b_1 \leqslant x \leqslant b_2 \\ \dfrac{x - b_2 + p_{\tilde{b}}(b_n - x)}{b_n - b_2}, & b_2 < x \leqslant b_n \\ 1, & x < b_m, x > b_n \end{cases} \tag{6.2}$$

其中，$q_{\tilde{b}}$ 和 $p_{\tilde{b}}$ 分别代表 $\tilde{b}$ 的最大隶属度和最小隶属度，且满足 $0 \leqslant q_{\tilde{b}} \leqslant 1$，$0 \leqslant p_{\tilde{b}} \leqslant 1, 0 \leqslant q_{\tilde{b}} + p_{\tilde{b}} \leqslant 1$，则 $\tilde{b}$ 为梯形直觉模糊数，如图 6－3 所示。

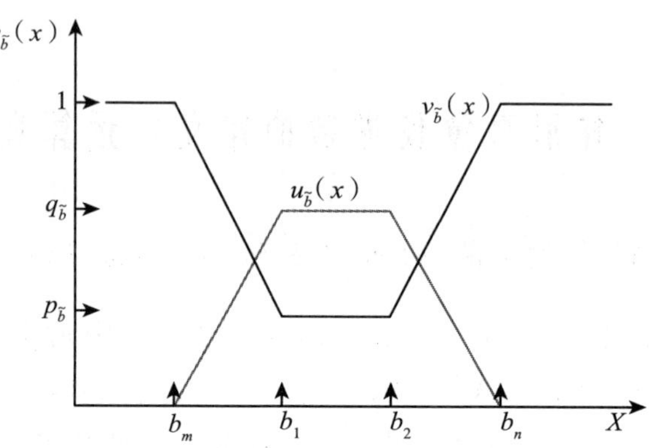

图 6－3　梯形直觉模糊数曲线

式（6.1）和式（6.2）中，当 $q_{\tilde{b}} = 1$ 和 $p_{\tilde{b}} = 0$ 时，$u_{\tilde{b}}(x) + v_{\tilde{b}}(x) = 1$，则梯形直觉模糊数 $<(b_m, b_1, b_2, b_n), q_{\tilde{b}}, p_{\tilde{b}}>$ 退化为 $<(b_m, b_1, b_2, b_n); 1, 0>$。

定义 6－2：假设 $\tilde{a} = <(a_m, a_1, a_2, a_n); q_{\tilde{a}}, p_{\tilde{a}}>$ 和 $\tilde{b} = <(b_m, b_1, b_2, b_n); q_{\tilde{b}}, p_{\tilde{b}}>$ 为两个梯形直觉模糊数，其中 a_1、a_2 分别表示模糊量 a 最可能的最大值和最小值；a_m 表示模糊量 $\tilde{a}$ 的最小值，a_n 表示模糊量 $\tilde{a}$ 的最大值（王中兴，2011；郝丽，2016）；则

（1）用梯形直觉模糊数表示的语言值的加法⊕为：

$$\tilde{a} \oplus \tilde{b} = <(a_m + b_m, a_1 + b_1, a_2 + b_2, a_n + b_n); q_{\tilde{a}} \wedge q_{\tilde{b}}, p_{\tilde{a}} \vee p_{\tilde{b}}> \quad (6.3)$$

（2）用梯形直觉模糊数表示的语言值的乘法⊗为：

$$\tilde{a} \otimes \tilde{b} = \begin{cases} (a_m b_m, a_1 b_1, a_2 b_2, , a_n b_n); \quad q_{\tilde{a}} \wedge q_{\tilde{b}} . p_{\tilde{a}} \vee p_{\tilde{b}} (\tilde{a} > 0, \tilde{b} > 0) \\ (a_m b_n, a_1 b_2, a_2 b_1, a_n b_m); \quad q_{\tilde{a}} \wedge q_{\tilde{b}}, p_{\tilde{a}} \vee p_{\tilde{b}} (\tilde{a} < 0, \tilde{b} > 0) \\ (a_n b_n, a_2 b_2, a_1 b_1, a_m b_m); \quad q_{\tilde{a}} \wedge q_{\tilde{b}}, p_{\tilde{a}} \vee p_{\tilde{b}} (\tilde{a} < 0, \tilde{b} < 0) \end{cases} \quad (6.4)$$

（3）用梯形直觉模糊数表示的语言值的除法 ÷ 为：

$$\tilde{a} \div \tilde{b} = \begin{cases} (a_m/b_n, a_1/b_2, a_2/b_1, a_n/b_m); & q_{\tilde{a}} \wedge q_{\tilde{b}}, p_{\tilde{a}} \vee p_{\tilde{b}} (\tilde{a} > 0, \tilde{b} > 0) \\ (a_n/b_n, a_2/b_2, a_1/b_1, a_n/b_n); & q_{\tilde{a}} \wedge q_{\tilde{b}}, p_{\tilde{a}} \vee p_{\tilde{b}} (\tilde{a} < 0, \tilde{b} > 0) \\ (a_n/b_m, a_2/b_1, a_1/b_2, a_n/b_m); & q_{\tilde{a}} \wedge q_{\tilde{b}}, p_{\tilde{a}} \vee p_{\tilde{b}} (\tilde{a} < 0, \tilde{b} < 0) \end{cases} \tag{6.5}$$

$$\tilde{a}^{-1} = <(1/a_n, 1/a_2, 1/a_1, 1/a_m); q_{\tilde{a}}, p_{\tilde{a}}> \tag{6.6}$$

定义 6－3：假设 A_i（$i=1, 2, \cdots, n$）是一组直觉梯形模糊数集合，$w=(w_1, w_2, \cdots, w_n)^T$是 A_i的权重向量，则直觉梯形模糊加权平均算子（TrIF-WA）定义为（李喜华，2012）：

$$TrIFWA(A_1, A_2, \cdots, A_n) = \frac{1}{n} \bigoplus_{i=1}^{n} \mathrm{w}_i A_i \tag{6.7}$$

对于所有 $i=1, 2, \cdots, n$，若 $w_i=1/n$，则 TrIFWA 算子退化为直觉梯形模糊算术平均算子（FrIFA）：

$$FrIFA(A_1, A_2, \cdots, A_n) = \frac{1}{n} \bigoplus_{i=1}^{n} A_i \tag{6.8}$$

定义 6－4：梯形直觉模糊数 $\tilde{\alpha}$ 和 $\tilde{\mathrm{b}}$ 之间的距离为 $S(\tilde{\alpha}, \tilde{\mathrm{b}})$，即：

$$S(\tilde{\alpha}, \tilde{\mathrm{b}}) = \Big[\frac{1}{12}((b_m - a_m)^2 + (b_1 - a_1)^2 + (b_2 - a_2)^2 + (b_n - a_n)^2 + (b_m - a_m)(b_1 - a_1) + (b_2 - a_2)(b_n - a_n))\Big]^{1/2} \tag{6.9}$$

6.3.2　梯形直觉模糊数的 FAM-TOPSIS 法原理

假设参与评价的方案集为 $R=[r_1, r_2, \cdots, r_t]$，有 t 个评价方案，评价的指标集为 $U=[u_1, u_2, \cdots, u_k]$，方案 R_t关于属性集 U_k的评价值表示为梯形直觉模糊数 $\tilde{a}_{ij} = <(a_{mij}, a_{1ij}, a_{2ij}, a_{nij}); q_{\tilde{a}ij}, p_{\tilde{a}ij}>$，采用矩阵 $G=(\tilde{a}_{ij})_{t\times k}$ 来表示多属性决策问题。用因子分析法（FAM）来确定主要影响因素并得出 U_j 的权重 w_j，其中 $w_j \in [0, 1]$，$j=1, 2, \cdots, k$。

求解步骤如下：

步骤1：对评价指标进行 KMO 和 BARTLETT 统计检验，看是否适合做因子分析，确定出主要影响因素和各主导因素的权重 W_i（郝丽，2017）。

步骤2：建立梯形直觉模糊数的评价矩阵 G。为了消除不同量纲的影响，对决策矩阵进行规范化处理得到 $G' = (\tilde{a}_{ij})'_{t\times k}$，去模糊化处理梯形直觉模糊决策矩阵。利用如下公式将梯形直觉模糊决策矩阵规范化（陈晓红，2013）：

$$\tilde{l}_{ij} = < (\frac{a_{mij}}{a_{ni}^{+/-}}, \frac{a_{1ij}}{a_{ni}^{+/-}}, \frac{a_{2ij}}{a_{ni}^{+/-}}, \frac{a_{nij}}{a_{ni}^{+/-}}); q_{\tilde{a}ij}, p_{\tilde{a}ij} >, j = 1,2,\cdots,k; i \in B \quad (6.10)$$

其中，若 B 属于效益型属性，则 $a_{nij}^{+} = \max\{a_{nij} \mid j = 1, 2, \cdots, k\}$，$i$ 属于 B。若 B 属于成本性属性，则 $a_{nij}^{-} = \min\{a_{nij} \mid j = 1, 2, \cdots, k\}$。

步骤3：按照决策者的偏好信息接近群体的平均偏好程度确定决策者权重，越接近权重越大，反之则越小（王中兴，2011）。假设决策者 U_K 对给出方案 R_t 上属性 C_j 的评估值为 $h_{tj}^{(k)}$（$t = 1, 2, \cdots, T; j = 1, 2, \cdots, n$），则根据式（6.8）求出群体关于方案 R_t 上属性 C_j 的偏好均值为 h'_{tj}，即：

$$h'_{tj} = TrIFA(h_{tj}^{(1)}, h_{tj}^{(2)}, h_{tj}^{(3)}, h_{tj}^{(4)}, h_{tj}^{(5)}) \quad (6.11)$$

随后计算 $h_{tj}^{(k)}$ 与群体平均偏好的相似度：

$$F(h_{tj}^{(k)}, h'_{tj}) = 1 - \frac{S(h_{tj}^{k}, h'_{tj})}{\sum_{k=1}^{5} S(h_{tj}^{k}, h'_{tj})} \quad (6.12)$$

对每个单属性偏好信息对应的权重进行计算：

$$w_{tj}^{(k)} = \frac{F(h_{tj}^{(k)}, h'_{tj})}{\sum_{k=1}^{5} F(h_{tj}^{(k)}, h'_{tj})} \quad (6.13)$$

所有个人决策信息需要集合为群体决策信息，可以采用 FrIFWA 算子来进行集合：

$$FrIFWA(h_{tj}^{(1)}, h_{tj}^{(2)}, h_{tj}^{(3)}, h_{tj}^{(4)}, h_{tj}^{(5)}) = \bigoplus_{k=1}^{5} w_{tj}^{(k)} h_{tj}^{(k)} \quad (6.14)$$

步骤4：计算加权梯形直觉模糊数的决策矩阵 $(\tilde{f}_{ij})_{m\times n} = w_j \tilde{l}_{ij}$，进行权重的归一化处理。其中：

$$w\tilde{a} = \begin{cases} <(wa_m, wa_1, wa_2, wa_n); q_{\tilde{a}} \wedge q_{\tilde{b}}, p_{\tilde{a}} \vee p_{\tilde{b}}> & (w>0) \\ <(wa_n, wa_2, wa_1, wa_m); q_{\tilde{a}} \wedge q_{\tilde{b}}, p_{\tilde{a}} \vee p_{\tilde{b}}> & (w<0) \end{cases} \tag{6.15}$$

步骤5：根据规范决策矩阵 G 定义梯形直觉模糊数的正负理想方案集合为：$R^+=(f_1^+, f_2^+, \cdots, f_m^+)$，$R^-=(f_1^-, f_2^-, \cdots, f_m^-)$，其中：

$$f_i^+ = <(\max\{f_{mij}\}, \max\{f_{1ij}\}, \max\{f_{2ij}\}, \max\{f_{nij}\}), \max\{q_{\tilde{f}ij}\}, \min\{p_{\tilde{f}ij}\}>(i \in B) \tag{6.16}$$

$$f_i^- = <(\min\{f_{mij}\}, \min\{f_{1ij}\}, \min\{f_{2ij}\}, \min\{f_{nij}\}), \min\{q_{\tilde{f}ij}\}, \max\{p_{\tilde{f}ij}\}>(i \in B) \tag{6.17}$$

步骤6：计算各个方案 $R_t \in R$ 与梯形直觉模糊正负理想方案的相对贴近度：

$$\partial_{\mathrm{i}} = \frac{D_{\mathrm{i}}^+}{D_{\mathrm{i}}^+ + D_{\mathrm{i}}^-}, \quad i=1,2,\cdots,t \tag{6.18}$$

对各方案进行优劣排序，贴近度越大，得出结果最优。其中，D_i^+，D_i^- 代表方案 R_i 与梯形直觉模糊正负理想方案的欧式距离：

$$D_{\mathrm{i}}^{+/-} = \sqrt{\sum_{j=1}^{m}(f_{ij} - f_j^{+/-})2}, \quad j=1,2,\cdots,k \tag{6.19}$$

6.4 期望利润模型建立

6.4.1 问题描述与模型符号

在解决了风险评价指标和权重确定问题的基础上，得出双渠道供应链的主要影响因素，接下来重点解决企业如何在广告促销服务因素影响下平衡线上渠道和线下渠道的利润分配问题。该问题同样在二级供应链市场结构下运行，双渠道供应链运作关系如图6-4所示。

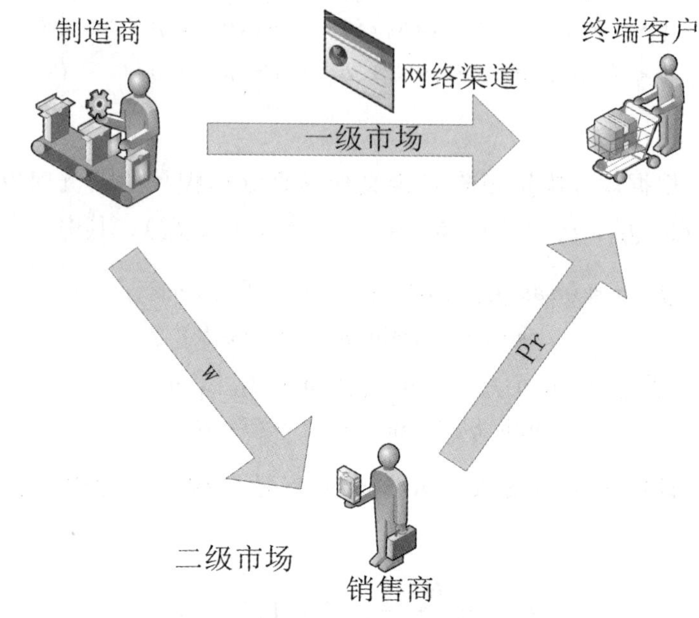

图 6－4　双渠道供应链运作关系

图 6－4 是在二级供应链市场下，制造商向零售商提供产品，零售商再销售给顾客；同时制造商还开设网络直销渠道把产品直接提供给零售商，在零售商主导的传统渠道和制造商主导的网络渠道的双渠道供应链系统中进行建模，表 6－2 显示了该模型中所涉及的变量和相关参数。

表 6－2　　期望利润模型相关参数和变量

变量	含义
E_m	制造商的期望利润
E_r	零售商的期望利润
E_{sc}	协同订货策略下供应链的期望利润
Q_j	为零售渠道的订货量
y	延迟送货重叠时间（$y \leq 0$ 表示制造商在期限送货范围内到达，$y > 0$ 表示送货延误在 y 个周期内到达）
参数	含义
r_i、r_j	网络渠道和销售渠道的单位缺货成本
d_i、d_j	网络渠道和销售渠道的市场需求

续表

参数	含义
s_i、s_j	网络渠道和销售渠道的单位货品残值
p_i，p_j	网络渠道和销售渠道的产品零售价
w	制造商向零售商供货时的产品零售价
t	每个产品在单位时间内的持有成本
k	广告促销服务因素下零售商的投入成本
ε	提前期重叠时对两个渠道期望利润产生的影响因子
v	制造商单位产品生产成本
g	二级供应链市场下的需求期望
μ	准时订货重叠的概率期望服从正态分布
δ	准时订货重叠的概率标准差服从正态分布
ζ	在不确定性环境下市场需求的随机变量，$\zeta \in N(0,\delta^2)$
$\bar{a}$	$\bar{a} = a + \zeta$，式中 a 为常数且非负，表示二级供应链市场需求的期望

6.4.2　模型假设和构建

1. 模型假设

为确保模型构建的意义和现实性，需对模型进行以下假设：

（1）设 E_m 和 E_r 均为正，这样能保证双渠道供应链协同定价的顺利实施。

（2）假设网络渠道和传统零售渠道的市场需求为随机变量。

（3）设 $y=0$ 表示订货周期的标准时间，$y \leqslant 0$ 表示在规定的标准时间内制造商能做到准时送货，$y>0$ 表示在规定的标准时间内制造商延迟送货。

（4）双渠道供应链整体系统达到信息共享的环境。

2. 模型构建

该模型是在风险规避情况下构建的，这里用网络渠道替代因子 c 和促销成本比例因子 θ 来实现双渠道供应链的网络协同。促销成本比例因子是由制造商和零售商共同承担促销成本的需求比例决定的，如 θ 为制造商直销渠道的需求比例，则（$1-\theta$）为传统零售渠道的需求比例；且认为 $\theta \in (0,1)$，$c \in (0,$

1）。在信息完全共享的环境下，引入广告促销服务投入成本分摊比例f，且$f\in(0,1)$，制造商为了弥补网络渠道对销售渠道造成的损失，特意为零售商提供一些广告促销费用，由fk来表示。在二级供应链市场结构中，采用斯坦克伯格博弈理论，制造商和零售商的利润函数分别为：

$$E_m=(p_i-v)d_i+(w-v)d_j-fk \tag{6.20}$$

$$E_r=(p_j-w)d_j-(1-f)k \tag{6.21}$$

考虑风险规避态度下的模型构建：

$$\max E_{sc}=\max E_m+\max E_r \tag{6.22}$$

$$\max E_m=(p_i-v)\{(\theta+\lambda)\bar{a}-p_i-c[p_i-p_j(w,p_i,f)+\sqrt{k}]\}+(w-v)\times \{(1-\theta)\bar{a}-p_j(w,p_i,f)+c[p_i-p_j(w,p_i,f)+\sqrt{k}]\}-fk \tag{6.23}$$

$$\max E_r=(p_j-w)[(1-\theta)\bar{a}-p_j+c(p_i-p_j+\sqrt{k})]-(1-f)k \tag{6.24}$$

$$\max E_{sc}=(p_i-v)[(\theta+\lambda)\bar{a}-p_i-c(p_i-p_j+\sqrt{k})]+(p_j-v)[(1-\theta)\bar{a}-p_j+c(p_i-p_j+\sqrt{k})]-k \tag{6.25}$$

$$\text{s.t.}\begin{cases}k\geqslant 0\\ d_i(p_i,p_j,\sqrt{k})\geqslant 0\\ d_j(p_i,p_j,\sqrt{k})\geqslant 0\end{cases} \tag{6.26}$$

所有的约束为正，采用逆向归纳法求解，对p_i、p_j求一阶倒数，令$\frac{\partial E_{SC}}{\partial P_i}=0$，$\frac{\partial E_{SC}}{\partial P_j}=0$，可得：

$$p_i^*=\frac{(1+c)(1+\lambda)a+(1+2c)v-(1-\theta)\bar{a}}{2+4c} \tag{6.27}$$

$$p_j^*=\frac{(1+c)(1+\lambda)a+(1+2c)v-(\theta+\lambda)\bar{a}}{2+4c} \tag{6.28}$$

$\frac{\partial^2 E_{sc}}{\partial p_i^2}\times\frac{\partial^2 E_{sc}}{\partial p_j^2}-\frac{\partial^2 E_{sc}^2}{\partial p_i\partial p_j}=\frac{(1-\lambda)(c+\bar{a})+(1-\theta)v+2c}{1+4c}>0$且

$\frac{\partial^2 E_{sc}}{\partial p_i^2}=\frac{(1+\lambda)+\theta\bar{a}+v}{1+4c}>0$，$E_{sc}$ 有极大值。

当 $\theta+\lambda\geqslant 1-\theta$，即 $\theta\geqslant\frac{1-\lambda}{2}$ 时，由式（6.27）、式（6.28）可得，$p_j^*<p_i^*$，即当传统零售商的价格低于制造商时，说明网络直销渠道的销售量小于传统零售商的销售量；反之，当 $\theta<\frac{1-\lambda}{2}$ 时，$p_j^*>p_i^*$，即若零售商的价格高于制造商时，说明网络直销渠道销售量大于传统零售渠道。

6.4.3　案例分析

某汽车企业 2010 ~2017 年对网络销售、汽车超市等汽车销售方式不断完善，并开始线上、线下同时销售，并拟定从 3 个同行企业 $\{R_1, R_2, R_3\}$ 中选择一个最佳企业形成供应链协同管理的长期合作联盟。为有效解决评价指标融合问题和指标过硬问题，该企业聘请 5 位专家 $\{U_1, U_2, U_3, U_4, U_5\}$ 组成决策小组，对双渠道供应链的风险指标进行问卷调查。采用梯形直觉模糊数的 FAM-TOPSIS 法确定双渠道供应链的风险绩效评价指标，并确定出最优合作企业。

步骤 1：采用问卷调查法（见附录 4），分发给 5 位专家对供应链风险的 38 个指标进行打分，以 10 分制为打分原则，其中，影响程度很高、较高、一般、较低、低分别代表 9 ~10 分、7 ~8 分、5 ~6 分、3 ~4 分、1 ~2 分；采用 FAM 法对收集的数据进行分析。首先确定该评价指标适合做因子分析，如表 6 –3、表 6 –4 所示；然后提炼出主要影响因素，如图 6 –5 所示能提炼出 6 种主成分。根据因子方差分析运行结果可以得出因子影响程度由大到小的顺序排列为 S_{42}、S_{82}、S_{151}、S_{61}、S_{11}、S_{71}，且由解释的总方差的相关系数表计算出权重系数 $W=(0.18, 0.173, 0.166, 0.163, 0.16, 0.158)$。

表 6 –3　　KMO 和 BATLAB 适度检验

取样足够度的 Kaiser-Meyer-Olkin 度量	0. 774
Bartlett 的球形度检验近似卡方	85. 948
df	16
Sig	0. 001

表 6-4　主成分矩阵相关系数解释的总方差

系数	成分				
	1	2	3	4	5
S_{42}	0.953	0.013	0.147	0.248	-0.093
S_{82}	0.929	-0.132	0.203	-0.253	0.120
S_{81}	0.903	0.097	0.035	0.403	0.104
S_{151}	0.901	0.064	0.135	0.165	0.101
S_{92}	0.891	-0.383	-0.202	-0.085	0.106
S_{61}	0.865	-0.217	0.096	-0.442	0.015
S_{91}	0.864	-0.292	0.051	0.381	-0.143
S_{71}	0.839	0.365	0.399	-0.008	-0.055
S_{113}	0.796	-0.349	-0.084	0.061	0.484
S_{152}	0.780	-0.312	-0.015	-0.105	0.265
S_{112}	0.783	-0.215	0.011	-0.206	-0.546
S_{41}	0.715	0.543	0.220	0.237	0.299
S_{51}	0.666	0.605	-0.338	0.270	-0.060
S_{111}	0.637	-0.199	-0.592	-0.151	-0.426
S_{102}	-0.329	-0.866	-0.172	0.172	-0.289
S_{62}	-0.013	0.859	-0.142	-0.066	0.488
S_{11}	-0.509	0.846	-0.026	0.069	0.143
S_{32}	0.011	0.806	-0.426	-0.172	-0.373
S_{133}	0.025	0.779	0.082	0.418	-0.459
S_{123}	0.017	-0.767	0.126	-0.498	0.385
S_{122}	-0.216	-0.749	0.121	0.415	0.454
S_{74}	0.484	0.747	-0.187	0.104	0.403
S_{12}	0.570	0.665	0.424	-0.230	0.033
S_{83}	0.375	0.661	0.269	-0.565	-0.176

续表

系数	成分				
	1	2	3	4	5
S_{63}	0. 253	0. 066	-0. 900	0. 275	0. 216
S_{33}	-0. 023	0. 511	0. 812	0. 211	-0. 186
S_{132}	0. 070	0. 627	-0. 743	-0. 057	0. 216
S_{21}	0. 500	0. 297	-0. 735	0. 257	-0. 234
S_{142}	-0. 128	-0. 097	0. 703	0. 688	-0. 082
S_{101}	0. 364	-0. 542	-0. 679	0. 176	-0. 285
S_{52}	0. 121	-0. 630	0. 676	0. 147	-0. 332
S_{72}	0. 391	0. 622	0. 623	0. 264	0. 055
S_{121}	0. 582	-0. 546	0. 589	0. 124	0. 016
S_{73}	0. 538	-0. 347	-0. 541	0. 417	0. 352
S_{31}	0. 223	0. 592	0. 150	-0. 705	-0. 281
S_{141}	-0. 304	0. 602	0. 128	0. 702	-0. 188
S_{124}	-0. 579	0. 441	0. 034	0. 002	0. 684
S_{131}	0. 565	-0. 169	0. 383	-0. 194	0. 684

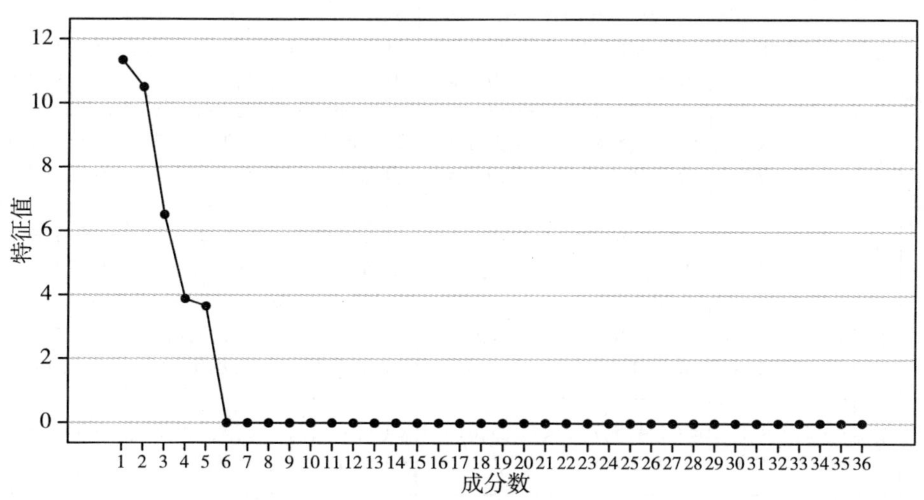

图 6-5　碎石图

表6-3中，KMO值为0.774 >0.5，表明变量间的共同因子多，适合做因子分析；Bartlett球体检验显著水平值为0.001 <0.05，表明变量间存在相关性，适合做因子分析。表6-4中可以选择出主要的影响指标S_{42}、S_{82}、S_{81}、S_{151}、S_{92}、S_{91}、S_{61}、S_{71}，而这些二级指标对应一级指标分别为：S_4、S_8、S_{15}、S_9、S_6、S_7。

步骤2：对选出的主要因素进行梯形直觉模糊数评价，去模糊化结果如表6-5所示。

表6-5　　梯形直觉模糊决策矩阵

专家	企业	信息风险 S_{42}	管理风险 S_{82}	广告促销风险 S_{151}	道德风险 S_{61}	沟通协作风险 S_{11}	运营能力风险 S_{71}
U_1	R_1	<(1,2,3,4);0.7,0.2>	<(2,3,4,5);0.5,0.1>	<(2,4,5,7);0.6,0.3>	<(1,3,4,5);0.5,0.3>	<(4,5,6,8);0.7,0.2>	<(3,4,6,7);0.7,0.2>
	R_2	<(4,5,6,7);0.6,0.3>	<(1,3,5,6);0.6,0.3>	<(3,5,6,8);0.7,0.2>	<(2,5,6,7);0.6,0.2>	<(3,4,5,7);0.8,0.1>	<(4,6,7,9);0.5,0.4>
	R_3	<(2,4,5,8);0.5,0.4>	<(2,3,4,5);0.8,0.2>	<(2,3,5,6);0.5,0.4>	<(2,3,4,5);0.7,0.2>	<(2,3,4,5);0.6,0.3>	<(1,3,6,7);0.6,0.1>
U_2	R_1	<(3,5,6,8);0.5,0.4>	<(2,3,4,5);0.8,0.2>	<(1,3,4,5);0.6,0.2>	<(1,3,5,6);0.5,0.4>	<(1,4,7,8);0.8,0.2>	<(2,4,5,7);0.7,0.1>
	R_2	<(1,2,3,4);0.8,0.0>	<(3,4,5,8);0.5,0.4>	<(2,5,7,9);0.8,0.1>	<(2,3,4,5);0.8,0.1>	<(2,3,4,5);0.7,0.2>	<(3,4,6,7);0.7,0.2>
	R_3	<(2,3,4,6);0.7,0.2>	<(1,3,5,8);0.6,0.2>	<(4,5,6,8);0.7,0.2>	<(4,6,7,8);0.7,0.2>	<(2,4,5,7);0.8,0.1>	<(1,2,4,6);0.7,0.2>
U_3	R_1	<(5,6,7,8);0.5,0.2>	<(2,4,6,7);0.6,0.3>	<(2,3,4,5);0.7,0.1>	<(1,4,5,6);0.6,0.3>	<(3,4,5,6);0.7,0.1>	<(2,4,6,7);0.8,0.1>
	R_2	<(1,2,3,4);0.8,0.1>	<(4,5,6,8);0.7,0.2>	<(3,4,6,7);0.8,0.1>	<(2,3,6,7);0.8,0.2>	<(1,3,4,7);0.8,0.1>	<(1,4,5,6);0.5,0.4>
	R_3	<(2,3,4,5);0.7,0.0>	<(2,4,5,7);0.5,0.4>	<(2,5,6,8);0.7,0.2>	<(3,4,5,7);0.6,0.3>	<(3,5,6,8);0.8,0.2>	<(3,4,6,8);0.7,0.2>

续表

专家	企业	信息风险 S_{42}	管理风险 S_{82}	广告促销风险 S_{151}	道德风险 S_{61}	沟通协作风险 S_{11}	运营能力风险 S_{71}
U_4	R_1	<(3,4,6,8);0.8,0.1>	<(2,4,7,8);0.8,0.1>	<(3,5,6,7);0.6,0.3>	<(2,3,5,7);0.5,0.3>	<(4,5,6,7);0.7,0.2>	<(2,4,8,8);0.6,0.2>
	R_2	<(1,2,3,4);0.6,0.3>	<(1,3,5,7);0.6,0.1>	<(4,5,7,8);0.7,0.2>	<(1,3,6,8);0.5,0.3>	<(2,5,6,8);0.8,0.2>	<(4,7,8,9);0.5,0.3>
	R_3	<(2,3,6,8);0.7,0.0>	<(3,5,6,8);0.7,0.2>	<(1,2,4,5);0.5,0.3>	<(2,5,6,7);0.6,0.2	<(3,4,5,6);0.7,0.2>	<(3,4,5,7);0.8,0.1>
U_5	R_1	<(5,6,7,8);0.8,0.1>	<(2,3,4,5);0.8,0.2>	<(2,3,5,6);0.7,0.2>	<(2,3,4,5);0.7,0.1>	<(2,4,6,8);0.8,0.2>	<(1,2,4,7);0.5,0.3>
	R_2	<(1,2,3,4);0.7,0.2>	<(4,6,7,8);0.5,0.4>	<(3,4,5,6);0.8,0.2>	<(4,6,8,8);0.8,0.1>	<(1,3,5,7);0.7,0.2>	<(2,4,6,8);0.6,0.3>
	R_3	<(2,5,6,7);0.6,0.2>	<(2,3,6,7);0.7,0.3>	<(4,5,7,8);0.7,0.2>	<(2,5,6,8);0.7,0.2>	<(3,5,6,7);0.8,0.1>	<(3,5,6,7);0.8,0.2>

步骤 3：计算决策者权重，如表 6－6 所示。

表 6－6　　决策者权重（w_{ij}^k）

决策者权重 w^k	企业类型	信息风险 S_{42}	管理风险 S_{82}	广告促销风险 S_{151}	道德风险 S_{61}	沟通协作风险 S_{11}	运营能力风险 S_{71}
w^1	R_1	0.16448	0.22585	0.22698	0.20312	0.22434	0.21808
	R_2	0.14518	0.20504	0.23618	0.22828	0.22691	0.22812
	R_3	0.22841	0.18496	0.23598	0.21732	0.17852	0.22569
w^2	R_1	0.28760	0.26608	0.24040	0.26337	0.23011	0.26709
	R_2	0.25028	0.28534	0.22915	0.20985	0.23475	0.28981
	R_3	0.26451	0.23099	0.26874	0.21248	0.26689	0.21411
w^3	R_1	0.27068	0.31475	0.29201	0.33230	0.26847	0.35016
w^3	R_2	0.29321	0.31294	0.31782	0.31760	0.30446	0.27652
	R_3	0.27598	0.34058	0.33777	0.35109	0.25065	0.28278

续表

决策者权重 w^k	企业类型	信息风险 S_{42}	管理风险 S_{82}	广告促销风险 S_{151}	道德风险 S_{61}	沟通协作风险 S_{11}	运营能力风险 S_{71}
w^4	R_1	0. 39326	0. 27955	0. 26087	0. 41308	0. 32511	0. 33050
	R_2	0. 34472	0. 34659	0. 35518	0. 33691	0. 28654	0. 26954
	R_3	0. 33422	0. 28655	0. 29138	0. 31315	0. 36919	0. 37100
w^5	R_1	0. 32050	0. 38103	0. 44616	0. 26223	0. 40959	0. 32385
	R_2	0. 40107	0. 31492	0. 34734	0. 37279	0. 41137	0. 38859
	R_3	0. 36678	0. 41680	0. 32774	0. 35656	0. 39619	0. 36661

步骤 4：计算企业之间的加权梯形直觉模糊数的决策矩阵，如表 6 – 7 所示。

表 6 – 7　　加权梯形直觉模糊决策矩阵 *R*

企业	信息风险 S_{42}	管理风险 S_{82}	广告促销风险 S_{151}	道德风险 S_{61}	沟通协作风险 S_{11}	运营能力风险 S_{71}
R_{1j}	< (5. 163,6. 9, 8. 9,11) >	< (2. 93,5, 7. 3,8. 8) >	< (2. 95,5. 1, 7. 1,8. 8) >	< (2. 67,5. 5, 8,9. 6) >	< (4. 05,6. 4, 8. 7,11) >	< (2. 87,5. 3, 8. 7,11) >
R_{2j}	< (1. 87,3. 3, 4. 7,6. 2) >	< (3. 92,6. 3, 8. 3,11) >	< (4. 58,6. 8, 9. 2,11) >	< (2. 59,5. 6, 8. 4,11) >	< (2. 44,5. 2, 7. 1,10) >	< (3. 91,7. 1, 9. 2,11) >
R_{3j}	< (2. 94,5. 4, 7. 5,10) >	< (2. 98,5. 3, 7. 8,11) >	< (3. 82,6, 8. 3,10) >	< (3. 68,6. 1, 7. 5,9. 7) >	< (3. 94,6. 3, 7. 8,9. 8) >	< (3. 5,5. 6, 8,10) >

步骤 5：得出梯形直觉模糊数的正负理想解，如表 6 – 8 所示。

表 6 – 8　　梯形直觉模糊正负理想方案

企业	信息风险 S_{42}	管理风险 S_{82}	广告促销风险 S_{151}	道德风险 S_{61}	沟通协作风险 S_{11}	运营能力风险 S_{71}
R^+	<5. 16,6. 89, 8. 72,10. 8 >	<3. 91,6. 25, 8. 27,11 >	<4. 58,6. 76, 9. 15,11. 1 >	<3. 67,6. 05, 8. 37,10. 55 >	<4. 05,6. 38, 8. 7,10. 8 >	<3. 91,7. 1, 9. 2,11. 28 >
R^-	<1. 87,3. 3, 4. 74,6. 17 >	<2. 93,5, 7. 34,8. 8 >	<2. 95,5. 15, 7. 06,8. 75 >	<2. 59,5. 54, 7. 5,9. 58 >	<2. 43,5. 2, 7. 07,9. 75 >	<2. 87,5. 31, 7. 96,10. 3 >

步骤 6：得到备选方案与梯形直觉模糊数的正负理想解的相对贴近度并排序比较，如表 6－9 所示。

表 6－9　　方案的最优解排序比较

合作企业	D_i^+	D_i^-	δ_i	择优排序	基于梯形直觉模糊数的 TOPSIS 选择方法
R_1	0.65	0.7	0.5458	R_1	R_1
R_2	0.73	0.64	0.4693	R_3	R_2
R_3	0.58	0.81	0.5438	R_2	R_3

由表 6－9 可以看出 $R_1 > R_3 > R_2$，则 R_1是最优的方案。相比已有的多属性决策方法（许民利，2016），本书首先应用直觉梯形模糊数表示决策信息，同时采用 FAM 法对所选指标进行降维处理，选出 6 个主要一级指标进行计算，减少了计算量；然后再利用模糊数对决策者权重进行确定，把定性的指标定量化处理，可以把无法转换的指标柔性化处理，在客观刻画决策者权重方面更为精细和准确，以减小决策损失；最后利用 TOPSIS 法比较评价对象与正负理想解的相对贴近程度，对多属性方案进行择优排序，更加真实地反映了决策者对风险绩效的评价和感知。

6.4.4　仿真分析

以双渠道供应链整体利润最大化为目标，本书考虑广告促销投入对双渠道供应链协调定价和期望利润的影响。假设该系统是一个由制造商和多个零售商组成的二级市场结构（卡拉博加，2011），各参数为离散数据，其取值范围如下：

μ、$\delta \in (0, 1, 2, 3, 4, 5, 6, 7, 8, 9)$；$w \in (12, 18, 22, 28, 32, 38, 42, 48, 52, 58)$；$t \in (0.001v)$；$r_i$、$r_j \in (0.16v, 0.21v, 0.26v, 0.31v, 0.36v)$；$s_i$，$s_j \in (0.15v, 0.35v, 0.50v, 0.65v, 0.8v)$；$v \in (16, 21, 26, 31, 36)$；$a \in (100, 200, 300, 400, 500)$；$\theta$，$\lambda$，$c$，$f$，$w \in (0.1, 0.2, 0.3, 0.4, 0.5, 0.6, 0.7, 0.8, 0.9, 1.0)$；$\tau \in (12, 22, 32, 42, 52)$；$k \in (20)$，其中 k 的值给定的相对偏大，能反映促销服务补贴率的重要性。

采用 MATLAB 编程对如上期望利润模型进行仿真分析（见附录 5），结果如图 6 -6 所示，p_i、p_j在图中分别表示（a）、（b）的 z 轴，ξ 代表图中的 y，c 代表图中的 x。

从图 6 -6 可以看出，当提前交货时对两个渠道期望利润产生的影响因子 ξ 一定时，p_i随着网络替代因子 c 的增加而增加，而 p_j随着 ξ 和 c 的增大而减少；制造商和零售商要想实现合作共赢，需提高零售商的售价来弥补网络直销渠道收益和客户的增加。相反，p_j随着 ξ 和 c 的减小而增加。

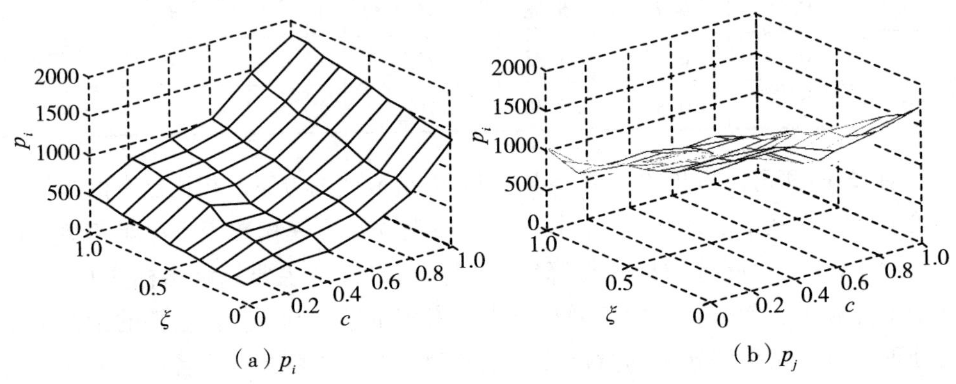

图 6 -6　p_i和 p_j随着 ξ 和 c 的变化

对 Q_r、g 和 τ 做仿真练习，结果如图 6 -7 所示，图中 x、y、z 轴分别代表 τ、g 和 Q_r。

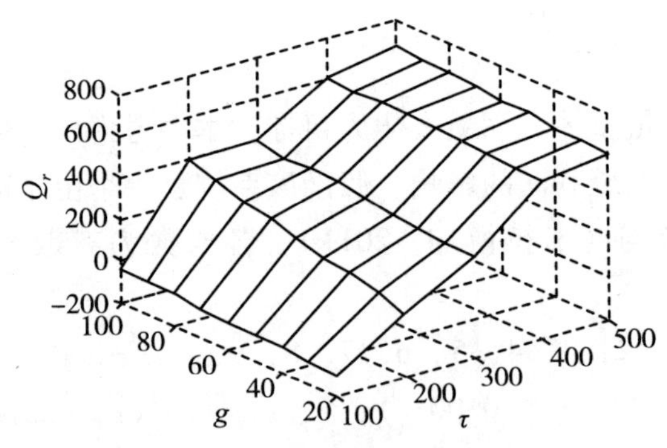

图 6 -7　Q_r随着 g 和 τ 的变化

由图 6 -7 可以看出当 g 不变，Q_r随 τ 的增加而增加；同理当 τ 不变，Q_r随 g 的增加也呈现递增趋势，因此为了避免缺货风险的发生，可以适当增加订货量来降低波动程度。

对参数赋值，通过数值仿真计算出广告促销服务对零售商、制造商和供应链总利润的影响，如图 6－8 所示，由图可以看出随着广告促销投入的增加，零售商、制造商的利润会有所增长，并且零售商的利润总体要小于制造商的利润。因为随着广告投入的增加，产品的批发价格有所减少，制造商的利润就会增加。总体趋势来看，供应商的总利润大于制造商和零售商单独的利润，因此在广告促销投入力度增大时，总的供应链利润水平也会增加。

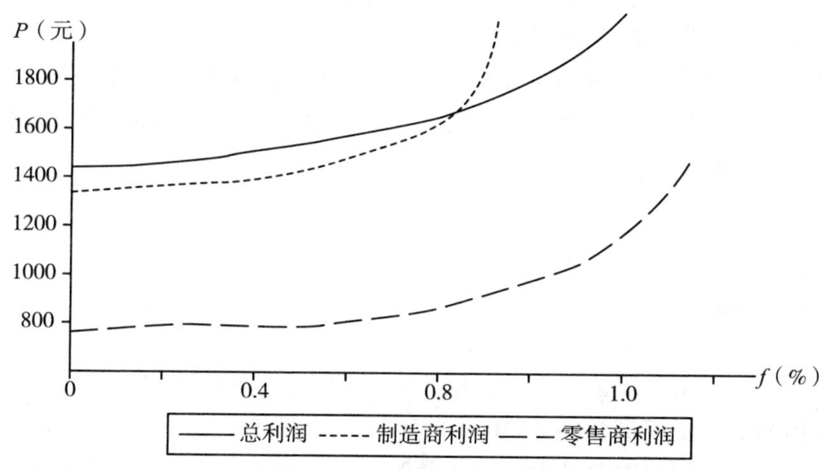

图 6－8　广告促销因素对供应链利润的影响

6.5 结果分析

本章对双渠道供应链企业的风险绩效进行研究，解决了风险评价指标融合困难和权重确定“过硬”问题，结合模糊理论提出基于梯形直觉模糊数 FAM-TOPSIS 的多属性决策评价方法；同时应用 Stackelberg 博弈理论考虑广告促销服务对双渠道供应链线上、线下如何协同，使双渠道供应链的利益最大化，利用数值仿真和算例分析取得以下成果：

（1）确定 14 个一级指标，38 个二级指标，全面准确地体现了供应链风险指标影响因素，建立了梯形直觉模糊数多属性指标判断矩阵，利用 FAM 法对评价指标进行降维处理，选择出主要的影响因素并计算出指标的权重。

（2）利用 TrIFWA 算子和直觉梯形模糊数的期望值计算了决策者的期望

权重。

以上两点解决了指标权重确定“过硬”的问题。

(3) 引用算例，采用 TOPSIS 法计算选择方案中梯形直觉模糊正负理想方案的相对贴近度并进行排序，表明该算法的可行性和有效性。与已有的研究方法相比，该方法可以对供应链风险指标进行降维处理，减少计算量。

(4) 双渠道供应链协同合作整体利润最大化的情况下，当制造商网络渠道替代性增强时，制造商会提高定价，零售商会降低售价来吸引顾客，促使利润从制造商流向零售商来达到平衡。

(5) 供应链各主体和政府部门在原有信息共享基础上强调广告促销服务的投入，通过调整网络替代因子来约束线上、线下渠道的利润协同，保证各节点企业整体利润的最大化。

6.6 本章小结

本章对双渠道供应链上企业正确识别、评价、选择供应链风险指标做出研究，采用梯形直觉模糊数的 FAM-TOPSIS 法，为双渠道供应链协同的绩效评价提供方法借鉴；同时以整体利润最大化为目标，使用广告促销因素和网络渠道替代因子来协调线上、线下的双渠道供应链结构。供应链各主体和政府部门要重视网络渠道和传统渠道之间的相互约束，以协调供应商、制造商之间的利益分配，促进网络渠道和传统渠道的协调。在未来研究中，可以综合考虑风险偏好、绿色度偏好等因素来进一步研究双渠道供应链风险绩效的优化协同问题。

第 7 章

智能化的供应链协同风险预警管理

智能化的供应链协同管理对基础设备和技术方面都要求拥有先进的科技水平，而供应链协同风险预警管理在技术平台方面保障了供应链企业的稳定、健康发展。面对外界政治环境、自然环境和经济环境及内部协同不稳定因素的影响，加强智能化的供应链协同风险预警管理势在必行。

为了保证 T-JIT 环境下供应链采购管理中顾客对产品多样化、小批量、准时化的发展需求和协同管理智能化、信息化的发展趋势，同时促进供应链采购管理、库存管理之间和供应商之间的协同稳定、高效发展，本书针对 T-JIT 环境下供应链上各节点所处的环境和需求复杂性问题，提出一种基于 BP 神经网络与蜂群算法（ABC-BP）相结合的优化元启发式算法，对供应链各节点协同风险进行预警分析，用蜂群算法不断对 BP 神经网络的权值和阈值进行修正；根据修正后的最优、最差权值和阈值对比分析，找出影响供应链协同风险的主要因素，随后采取相应措施预防风险发生，并用实例证明该方法的有效性与可行性。改进的 ABC-BP 算法与以往传统的 BP 神经网络相比，时效性高、稳定性强、准确率高。该问题的研究可以预防和缓解供应链协同风险的发生，减少财力和物力的损失；同时可以满足顾客多品种、小批量、多样化的采购需求，保证供应链各节点企业之间的风险协同；为 T-JIT 环境下多元供应链协同中不确定性风险的预警管理提供一种新的可行方法。

7.1 问题描述

随着经济社会的迅猛发展，智能化的多元供应链协同风险管理是保障供应链事前风险预警顺利进行的技术手段。考虑在 T-JIT 采购环境下，供应链上各节点企业也受到不确定外界环境影响和需求复杂性问题的困扰，为确保采购管理和库存管理的协同、多个供应商之间的协同稳定、高效发展，同时减少零库存所带来的财力和物力的风险损失，须建立智能化的供应链预警管理平台，对零库存企业的上下游各节点存在的风险进行事前控制。不确定的外界和内部环境导致供应链协同管理风险的发生概率增大，而风险一旦发生会带来严重的后果，甚至危及供应链各环节的正常运营。原有的风险预警系统工作效率低，准确率不高，现采用智能化的预警系统能改善上述问题，以保证供应链协同管理稳定运行，提高供应链物流的预警服务水平。

7.2 智能化供应链协同风险预警方法分析

目前智能化的物流网技术是供应链发展的核心技术，通过智能化体现物与物的信息交换，而物联网的 3 大领域包括终端/零组件、平台以及服务。而智能化的供应链风险预警管理主要是预警平台的建立，该风险预警平台主要考虑顾客多品种、小批量、多样化的 T-JIT 采购需求环境下供应链面对风险所采取的预警措施。

7.2.1 供应链协同风险预警方法选取

供应链风险预警方法优劣对比分析如表 7－1 所示。

表 7－1　　供应链风险预警方法优劣对比

研究方法	优势	劣势
安德列·巴迪亚（2014）采用层次分析法对风险因素进行评估	简便，结果直观	过于依赖比较标准
姬利（2010）采用模糊综合评价法研究风险指标	定性定量相结合，可解决多种不确定性问题	较难确定隶属函数，普适性较差
唐波（2010）采用 Fuzzy－AHP 法对风险指标进行评估	定性与定量相结合，准确性较高	难免依赖人为因素影响

续表

研究方法	优势	劣势
黄芳（2009）采用交互式人工智能的方法进行风险评估、事例式推理（CBR）的方法对风险预警研究	一种增量性的学习方法，能解决传统人工智能在知识获取方面的瓶颈问题	没有考虑不确定外界环境对事例的影响
温磊（2013）研究了梯形模糊相似度的协同风险评价管理	一种多隶属度的决策优化方法，计算简单，鲁棒性和实用性强	缺乏系统性，无法定义控制目标
李福领（2015）对供应链风险预警管理的知识螺旋模型进行研究	特别适合大型复杂的系统，着重强调风险分析功能，设计上具有灵活性，计算简单，可控性强，更新交互快	对风险评估经验和专门知识要求较高；如未能及时标识风险，势必造成重大损失；过多的迭代次数会增加研究成本，延迟提交时间
李忱（2011）等采用 BP 神经网络方法对供应链突发风险进行评价研究	非线性映射能力；自学习和自适应能力较强；适用范围广泛，容错能力强	容易陷入局部极小化问题；算法的收敛速度慢；对样本依赖性较强；结构选择不一

从表 7－1 可以看出，学者们对供应链风险管理的评价、识别、预警都做出相关研究，每种方法都有自己的优劣，学者们所采用的方法也越来越完善。智能化是风险预警的趋势，而智能算法中遗传算法、粒子群算法往往会遇到早熟收敛和收敛性能差的缺点，无法保证收敛到最优点。蚁群算法是一种在图中寻找优化路径的问题，而蜂群算法适应不确定性环境的不断变化，适合本书研究 T-JIT 环境中多品种、小批量的生产模式。本书在一些学者普遍采用 BP 神经优化方法的基础上融入人工蜂群算法（ABC-BP）来构建 T-JIT 环境下供应链协同风险预警模型，利用蜂群算法的寻优收敛能力修正 BP 神经的同时，将此过程转化为蜜蜂寻找最佳蜜源的过程，适应本系统 T-JIT 理论的特点，并对比出最优权值和阈值，找出影响风险预警的主要因素，提出改进措施，纠正风险危害。该平台的建立提升了供应链协同风险预警的实效性与有效性。

7.2.2 ABC-BP方法原理

风险预警管理要求预警平台能快速、准确反应，而BP神经算法无法准确满足该发展特征，本书在此基础上融入人工蜂群算法进行改进，该算法表现为正反反馈性、并行性、鲁棒性，且计算全程无须人工干预，参数数目少，设置简单，易应用到其他组合优化问题的求解。人工蜂群算法分为三部分：雇佣蜂；跟随蜂；侦查蜂。蜂群首先生成N个食物源，从而进入采蜜阶段，雇佣蜂在每个食物源范围内进行搜索并生成一个新的食物源，通过比较适应度来判断新旧食物源的优劣。雇佣蜂将新的食物源适应度传递给跟随蜂。跟随蜂根据适应度以一定概率选择食物源，选择收益率高的概率较大。跟随蜂以同样的原则选择质量好的食物源。蜂群通过寻找食物源循环寻求问题的最优解。当个体连续寻找而食物源没有更新时，则放弃该食物源为侦查蜂，寻找新的食物源（卡拉博加，2009，2011）。图7-1显示了ABC-BP算法的原理。

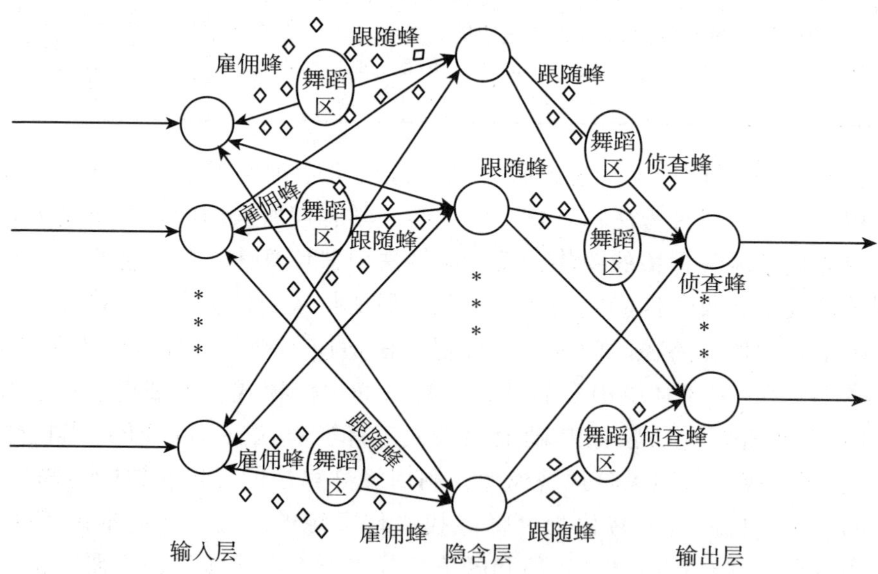

图7-1 ABC-BP算法原理

7.2.3　供应链协同风险的指标选取

供应链协同风险从客观和主观两个层面可以分为有形风险和无形风险（黄芳，2009）。其中有形风险指供应链各节点企业进行协调运作的相互协同，如需求预测协同、采购协同、库存协同、销售及服务协同等；无形风险指供应链系统的文化价值、知识、技能和经验等。本书考虑协同风险的分类特点，将影响因素指标分为内生变量和外生变量（丁红娇，2011；温磊，2013），如表 7－2 所示。

表 7－2　供应链协同风险影响指标

<table>
<tr><th>目标层</th><th>要素层</th><th>一级指标</th><th>二级指标</th><th>属性</th></tr>
<tr><td rowspan="18">供应链协同风险预警指标体系 S</td><td rowspan="18">内生风险</td><td rowspan="2">沟通协作风险 S_1</td><td>企业间联系渠道拥堵 S_{11}</td><td>定量</td></tr>
<tr><td>沟通的有效性缺乏 S_{12}</td><td>定性</td></tr>
<tr><td>利益分配风险 S_2</td><td>企业间利益分配不均衡 S_{21}</td><td>定量</td></tr>
<tr><td rowspan="3">诚信风险 S_3</td><td>供应链人员素质低 S_{31}</td><td>定性</td></tr>
<tr><td>诚信机制不健全 S_{32}</td><td>定性</td></tr>
<tr><td>供应链合同不完备性 S_{33}</td><td>定性</td></tr>
<tr><td rowspan="2">信息风险 S_4</td><td>信息真实性 S_{41}</td><td>定性</td></tr>
<tr><td>信息有效性 S_{42}</td><td>定性</td></tr>
<tr><td rowspan="2">财务风险 S_5</td><td>资金流动性风险 S_{51}</td><td>定量</td></tr>
<tr><td>投资、融资风险 S_{52}</td><td>定量</td></tr>
<tr><td rowspan="3">道德风险 S_6</td><td>人为破坏中断风险 S_{61}</td><td>定性</td></tr>
<tr><td>管理漏洞延迟风险 S_{62}</td><td>定性</td></tr>
<tr><td>个人主义目标冲突风险 S_{63}</td><td>定性</td></tr>
<tr><td rowspan="4">运营能力风险 S_7</td><td>内部资源整合能力 S_{71}</td><td>定量</td></tr>
<tr><td>总运营成本水平 S_{72}</td><td>定量</td></tr>
<tr><td>最终产品周转率 S_{73}</td><td>定量</td></tr>
<tr><td>企业间合作能力 S_{74}</td><td>定性</td></tr>
</table>

续表

目标层	要素层	一级指标	二级指标	属性
供应链协同风险预警指标体系 S	内生风险	管理风险 S_8	交货及时性风险 S_{81}	定量
			库存周转风险 S_{82}	定量
			人事管理风险 S_{83}	定性
	外生风险	环境风险 S_9	自热环境 S_{91}	定性
			社会环境 S_{92}	定性
		法律风险 S_{10}	政治法规符合指数 S_{101}	定量
			法律法规稳定性 S_{102}	定性
		经济风险 S_{11}	经济体制稳定性 S_{111}	定性
			行业景气指数 S_{112}	定量
			GDP 增长速度 S_{113}	定量
		市场风险 S_{12}	供需率 S_{121}	定量
			汇率波动率 S_{122}	定量
			顾客流失率 S_{123}	定量
			市场开发效率 S_{124}	定量
		技术风险 S_{13}	技术先进性指数 S_{131}	定量
			质量合格率 S_{132}	定量
			绿色产品指数 S_{133}	定性
		人文风险 S_{14}	顾客思想先进性 S_{141}	定性
			企业文化差异性 S_{142}	定性

结合李福领（2015）、温磊（2013）、黄芳（2009），同时融入人文风险、沟通协作风险、财务风险、道德风险、信息风险、诚信风险来完善风险预警指标，表 7 -2 中的指标分为 14 个一级和 36 个二级。

7.3 ABC-BP 的算法设计

为了克服 BP 神经网络算法收敛速度慢、容易陷入局部最优的缺点，融入人工蜂群算法，用 ABC 算法的优势不断修正 BP 神经的权值与阈值，用全局迭代代替局部搜索，其算法的流程如图 7 -2 所示，该 ABC-BP 算法主要分为 3 个阶段，即模型构建、训练阶段、识别阶段。

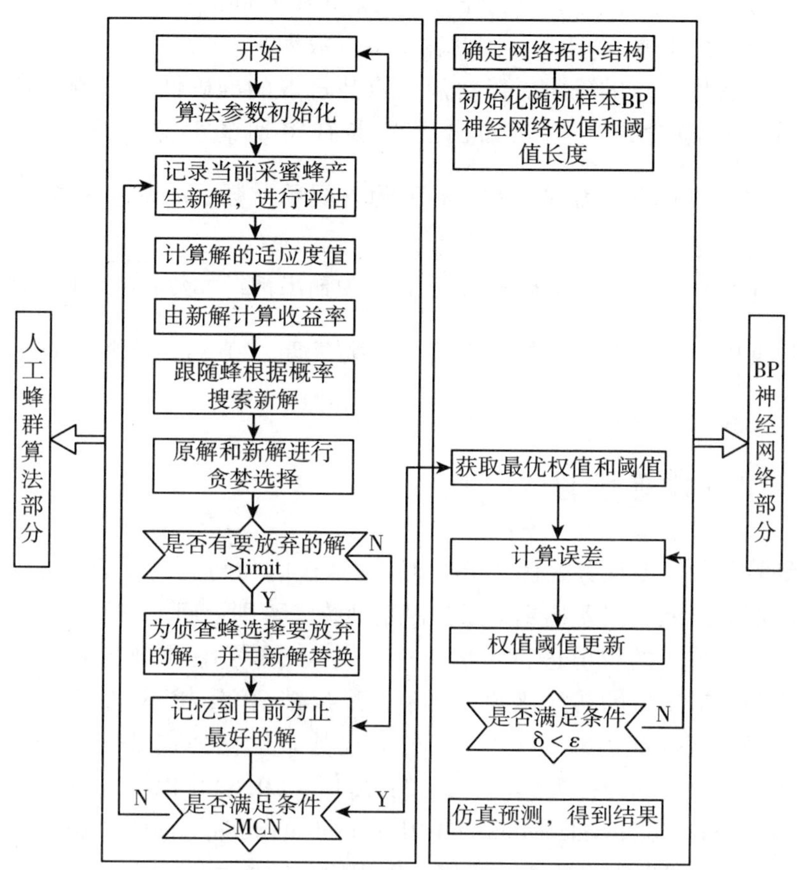

图 7 -2　ABC-BP 神经网络优化流程

7. 3. 1　模型构建

应用前向三层的网络拓扑结构，可以完成任意的 n 维到 m 维的映射（见图 7 -1），首先在隐含层中融入蚁群算法，自动搜索出最优的几条路径，然后由输出层输出，该过程的完成离不开各层节点数的确定。

（1）输入节点数的确定。基于神经网络设计供应链风险评价模型时，网络输入即为描述供应链风险的指标，据表 7 -2 所示，供应链协同风险指标共有 36 个，因此输入节点确定为 36 个。

（2）输出节点的确定。输出节点的确定对应于评价结果，书中把风险预警精度分为重警、高警、中警、轻警、无警 5 中不同的状态（李继勇，2011；侯梅媛，2013；杜林，2010），因此输出节点数为 5。

（3）隐含层节点的确定。隐含层节点数选取的准确性会影响运行速度和输出精度，且隐含层与输入输出层节点有密切的关系，采用公式 $k < \sum_{i=0}^{n} c\binom{n_1}{i}$ 表示，其中 k 为样本数，n_1 为隐含层单元数，n 为输入单元数，$i > n_1$，令 $c\binom{n}{i} = 0$，$n_1 = \sqrt{n+m} + b$，其中 m 为输出神经元数，b 为 1 ~ 10 之间的常数。根据以上公式求 n_1，假设 b 为 2（徐军浦，2017），取整计算则确定节点数为 8。

7.3.2 训练阶段

训练阶段的主要任务是优化 BP 神经网络权值和阈值，以准确预测输出样例和期望值的误差，误差达到上限就停止训练，否则返回上一层按着一定误差修正原则对各节点的权值进行再次调整。引入蜂群算法来确定输入层与隐含层、隐含层与输出层的转换函数，属于正反反馈研究，通过 ABC 中全局与局部信息要素的更新能力来对 BP 网络的全局搜索优化公式做进一步更新（杜林，2010；李松，2012；苏彩红，2012；冷昕，2016）。以下为 ABC-BPNN 算法（artificial bee colony algorithm and BP neural network）的操作步骤。

步骤 1：预处理收集的原始数据，采用比例转换法（杜林，2010）进行处理：当 l'_{ij}、l^*_{ij} 分别代表收益性指标和成本性指标时，转换公式分别为式（7.1）、式（7.2）：

$$l'_{ij} = \frac{l_{ij} - l_i^{\min}}{l_i^{\max} - l_i^{\min}} \tag{7.1}$$

$$l^*_{ij} = \frac{l_i^{\max} - l_{ij}}{l_i^{\max} - l_i^{\min}} \tag{7.2}$$

其中，l_{ij} 为原始数据，$l_i^{\min}$、$l_i^{\max}$ 分别为原始数据的最小值、最大值。

步骤 2：随机选取一个样本（l_i）。该系统采用 Sigmoid 型的神经元激励函数，该函数是非线性连续型函数：

$$f(x) = 1/(1 + \exp^{x}) \tag{7.3}$$

其中，Sigmoid 函数具有连续且光滑的特点，属于严格单调的一个阈值函数。Sigmoid 函数又分为 Log-Sigmoid 函数和 Tan-Sigmoid 函数。式（7.3）中选择 Log-sigmoid 函数，即 $f(x) = 1/(1 + \exp^{x}) = 1/(1 + e^{-x})$。

步骤 3：对原始种群和 ABC 算法的参数进行初始化。优化人工蜂群算法中连接输入层与隐含层、隐含层与输出层的权值和阈值。

人工蜂群算法模仿蜜蜂采蜜行为特征，将食物源所处的位置看成优化空间中的点，各采蜜行为为解决优化问题，其对应位置关系如表 7－3 所示。

表 7－3　　ABC-BP 优化问题与采蜜行为的对应关系

蜂群采蜜行为	具体优化问题
蜂群的食物源	优化问题的可行性
食物源的地理位置	BP 神经网络的权值和阈值
食物源能采到的花蜜量	优化采蜜问题的适应度值
寻找和优化采集食物源的速度	权值和阈值的最大优化速度
最大的花蜜量蜜源	权值和阈值的最优值

（1）ABC 算法的参数包括蜂群的大小 N_c，雇佣蜂的数量 N_e，跟随蜂的数量 N_o，解的个数 N_s，极限值 *limit*，最大循环次数 *MCN*，满足如下条件（冷昕，2016）：$N_e = N_o = N_s$，$N_c = 2N_s = N_e + N_o$，假设初始种群初始解为 X_i（$i = 1, 2, \cdots, N_s$），该 X_i 是随机产生在（－1，1）之间的随机数，每个解认为是 D 维向量，该值代表神经网络连接的权值和阈值，每个解的维数满足以下方程：

$$D = N_{input} \times N_{hidden} + N_{hidden} \times N_{output} + N_{output} \tag{7.4}$$

N_{input}、N_{hidden}、N_{output} 分别表示输入层、隐含层、输出层的神经元个数。

（2）求解出符合每个解的适应度值，其值由以下公式求解：

$$f(X_i) = \begin{cases} 1, & \delta_{MSE_i} = 0 \\ \dfrac{1}{\delta_{MSE_i} + 1}, & \delta_{MSE_i} > 0 \end{cases} \tag{7.5}$$

其中：$i = 1, 2, \cdots, N_s$；MSE_i 表示第 i 个解的 BP 网络均方误差。显然，当适应度达到 1 的时候是最理想的状态。接下来，雇佣蜂和跟随蜂采用式（7.6）不断搜索新解：

$$V_{ij} = X_{ij} + rand(-1,1)(X_{ij} - X_{kj}) \tag{7.6}$$

其中，i 代表第 i 个食物源，而 j 和 k 的值是随机产生的，且满足 $j \in \{1, 2, \cdots, D\}$ 和 $k \in \{1, 2, \cdots, N_s\}$，$k \neq i$。如 V_{ij} 超过了允许的最大值，需转换成相对应的边界值，具体参考下式：

$$V_{ij} = \begin{cases} lowerbound, v_{ij} < lowerbound \\ upperbound, v_{ij} > upperbound \end{cases}$$

如遇到新解比旧解的适应度值大的情况，则记下更新旧解，否则在旧解的更新失败次数 h 加 1。

（3）根据第 i 个解的适应度值（$f(X_i)$）求出跟随蜂，进一步选择出食物源位置处计算解的收益率函数（P_i）（毕晓君，2011；吕琼帅，2014），计算公式为：

$$P_i = \frac{1/f(X_i)}{\sum_{n=i}^{Ns} f(1/X_n)} \tag{7.7}$$

这里适当引入自适应判断因子 δ 来调整有效解范围（李松，2012），$\delta = e^{\frac{h}{MCN}\ln 2} - 1$，因此新解的概率密度分布计算公式为：

$$P_i = \begin{cases} \dfrac{f(X_i)}{\sum_{n=1}^{Ns} f(X_n)}, rand > \delta \\ \dfrac{1/f(X_i)}{\sum_{n=1}^{Ns} 1/f(X_n)}, rand < \delta \end{cases} \tag{7.8}$$

接下来，跟随蜂根据 P_i 的值从现有的解中搜索新解，如式（7.6）。

（4）如果 X_i 的更新失败次数超过了设定的阈值 *limit*，那么侦查蜂就放弃该值不使用，用式（7.9）可得到替代解并默认为是最优解。

$$X_i = X_{\min} + rand(0,1)(X_{\max} - X_{\min}) \tag{7.9}$$

式（7.9）调用 BP 神经中 *rand* 函数来实现 MATLAB 的随机初始化，*rand* 函数是一个可以生成随机数的函数，取值范围为 $0 \leqslant rand() < 1$，好处是让学习更有效率。

（5）假如该学习的最大迭代次数超过了 *MCN*，则训练结束，否则返回步骤 3（2）。

（6）将得到的最优解变成 BP 网络的连接权值和阈值，用数据仿真和测试 BP 神经网络。

步骤 4：利用公式 $\delta = \frac{1}{2}\sum_{k=1}^{N}(G_k - U_k^3)^2$，求解出整个过程的整体误差 δ。若 $\delta < \varepsilon$，则默认学习结束；相反，需进行 $t+1$ 次学习。其中，ε 为系统想要达到的预期精度。

步骤 5：返回到步骤 2 选取下一个样本，当实际输出值和期望值之间的误差低于 ε 时，则认为训练结束。

7.3.3　识别阶段

模型运行成功后，进行模型的识别，根据因子输入模型，输出结果所表示的风险度确定相应的警度为重警、高警、中警、轻警、无警，并以红、橙、黄、蓝、绿五种灯号表示（见表 7－4）。

表 7－4　预警显示

警度	预警输出	警灯	风险识别参照系
重警	[1, 0, 0, 0, 0]	红	风险最高，处于最差的运营状况，需采取纠正措施
高警	[0, 1, 0, 0, 0]	橙	风险较高，处于较差的运营状态，需要监控防范
中警	[0, 0, 1, 0, 0]	绿	风险高，处于一般运营状态，需要重视
轻警	[0, 0, 0, 1, 0]	紫	风险较低，处于正常运营状态
无警	[0, 0, 0, 0, 1]	黄	风险最低，处于健康的运营状态

7.4　仿真实验结果与分析

7.4.1　数据获取

实验采用某耐火厂为核心企业与国内几家大型供应商组成合作伙伴关系，

以厂商为例对该模型进行仿真验证预警模型的有效性。首先把供应链网络分为以供应商、核心企业、销售商为核心的 3 个节点，以李继勇（2011）、侯梅媛（2013）中的共 35 组供应链数据进行研究，其中 30 组数据认为是训练样本，5 组用来做样本测试。根据赛义德·阿扑杜勒·雷赫曼·汗（2019），融入本书对可靠性要求的高标准，可把供应链协同风险区间详细分为 5 部分，如表 7-5 所示。表 7-5 是对表 7-4 输出结果的具体量化范围，也是对初始数据风险量化计算的评判。

表 7-5　　供应链风险等级核对

风险级别	较低风险	低风险	中等风险	较高风险	高风险
区间	0，0.2	0.2，0.4	0.4，0.6	0.6，0.8	0.8，1

7.4.2　BP 神经与 ABC-BP 预测和训练结果

为了验证 ABC-BP 算法（见附录 6）对预警平台建设的有效性和可行性，特意采用 35 组样本数据进行预测和训练，分别计算得出 BP 神经网络和 ABC-BP 算法对供应链协同风险如何预警，同时对比出两种算法的优劣。采用 MATLAB 软件编程，设蜂群数 MCN 的值为 3000，N_p 的值为 20，极限值 $limit$ 为 100，10 为 D 的维度值，学习精度 $\varepsilon = 0.0001$，该算法要求自适应调整学习率，不断自动修正适应度函数的权值和阈值，并得出两种方法的对比图，如图 7-3 所示。

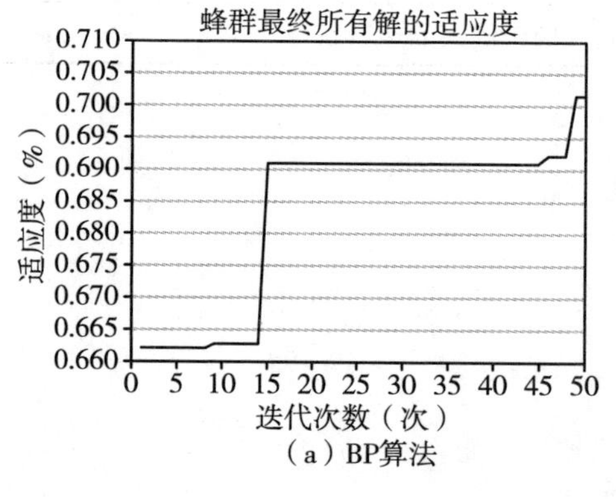

（a）BP算法

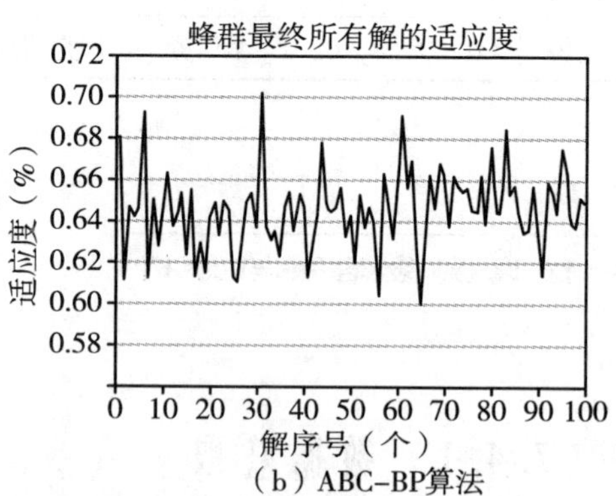

（b）ABC-BP算法

图 7-3　适应度函数值

根据图 7－3 适应度函数值的变化曲线，可以看出 BP 算法相比 ABC-BP 算法的曲线变化幅度比较大，说明稳定性比较差，而 ABC-BP 算法的适应度值一直围绕某条直线上下波动，波动幅度较小，可由相应的平均值表示，说明稳定性较好。

从图 7－4 可以看出 ABC-BP 算法的最优最差值对比，由图 7－4 知，该算法的优势大于劣势，BP 算法的最值曲线变化幅度较大，而 ABC-BP 算法的曲线变化幅度缓慢，体现该算法的稳定性；采用 ABC-BP 算法的初始值比 BP 算法小，而且差距较大，说明 ABC-BP 算法的 *MSE* 值经过有限的训练次数就可以达到最小值，收敛速度比较快。

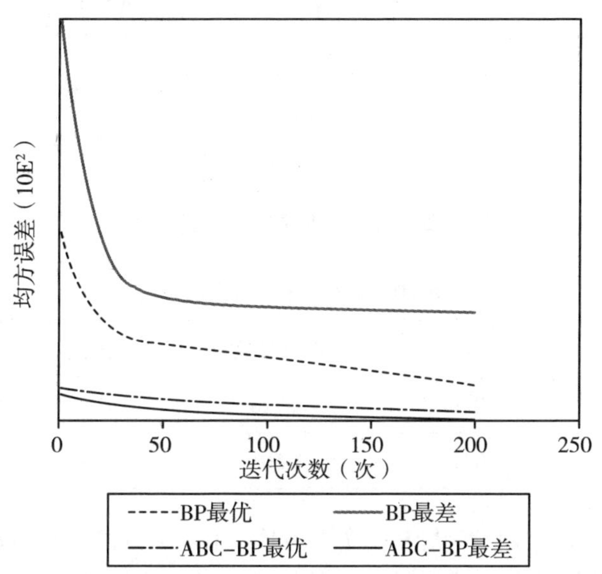

图 7－4　BP 神经和 ABC-BP 算法最优值和最差值对比

从图 7－5 误差曲线的分布可以看出 ABC-BP 算法的准确度不断提升，表现为随着样本量的增加，误差范围波动的幅度在不断减小，误差率也在不断减少。因此可知 ABC-BP 算法稳定性强，时效性短，精确度高，体现了该种算法的人工智能的特点，通过模仿蜜蜂采蜜行为，对权值和阈值不断修正，达到预期的误差允许范围，提高了算法的全局迭代和局部搜索能力，对该算法仿真结果进行总结，可以得出表 7－6。

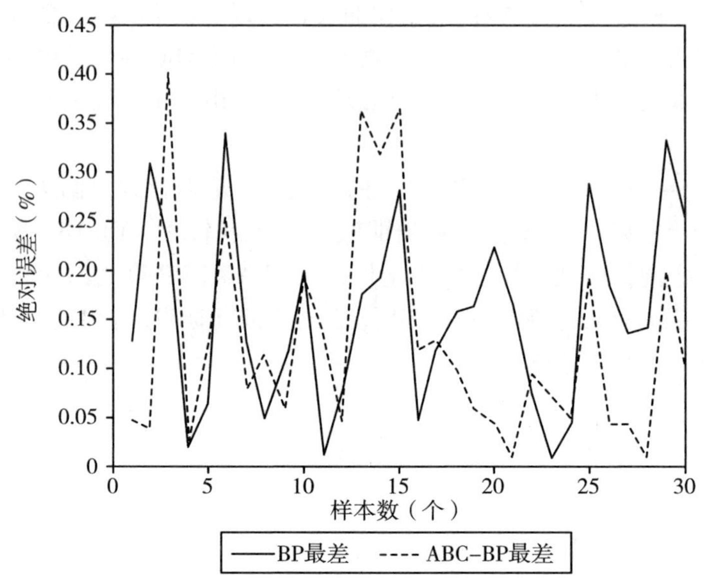

图 7－5　实际与期望输出的绝对误差

表 7－6　ABC-BP 和 BP 算法的优势对比

算法	时间	训练精度	正确率	训练步数
ABC-BP	0. 11	0. 726	91. 4	200
BP	0. 25	0. 563	52. 4	956

综上所述，ABC-BP 算法从适应值函数变化、绝对误差、操作时间等方面都有优势，其计算精度、稳定性、时效性明显优于 BP 神经网络，体现智能化的技术层面对供应链协同风险预警管理的研究。

7. 4. 3　预测结果

该仿真实验是针对智能化的供应链协同风险预警管理平台的研究，对上述 5 组数据进行样本测试，进入识别阶段。用 ABC-BP 算法模型进行测试，结果表明该算法对供应链预警管理的效果显著，预测结果如表 7－7 所示。

表 7－7　　样本测试结果

样本	样本输出	ABC-BP 网络推理输出	风险级别	实际警度	预测结果及灯号
1	1，0，0，0，0	0.9998，0.0001，0.0002，0.0005，0.0001	0.8869	重警	重警（红）
2	0，0，0，1，0	0.0003，0.0001，0.0014，0.9987，0.0003	0.2265	轻警	轻警（紫）
3	0，0，0，0，1	0.0002，0.0004，0.0011，0.0001，0.9929	0.1002	无警	无警（黄）
4	0，1，0，0，0	0.0001，0.9974，0.0003，0.0002，0.0006	0.6239	高警	高警（橙）
5	0，0，0，1，0	0.0010，0.0003，0.0012，0.9959，0.0003	0.3354	轻警	轻警（紫）

举例说明表 7－7。样本 4 待预测数据输入后，ABC-BP 神经网络的推理输出为（0.0001，0.9974，0.0003，0.0002，0.0006），与既定的风险程度输出向量（0，1，0，0，0）相比误差比较小，灯号为橙色，判定该组供应链在该时间点的风险程度为高警。可以看出，实际输出和期望输出之间的误差在预定范围内，表明网络已经训练成功，可进行风险预警评估。

根据不断修正的权值和阈值的计算结果，能总结出 36 个指标中最优和最差值，可以得出需要重视和预防的主要指标因素，如表 7－8 所示。

表 7－8　　样本权值和阈值优劣值

样本	最优值	最差值
1	0.40059（S_{133}）、0.382056（S_{141}）	－0.37143（S_{61}）、－0.36268（S_{11}）
2	0.453074（S_{92}）、0.402815（S_{51}）	－0.39751（S_{111}）、－0.41885（S_{73}）
3	0.434916（S_{82}）、0.408507（S_{92}）	－0.42535（S_{73}）、－0.37545（S_{74}）
4	0.344214（S_{33}）、0.348244（S_{71}）	－0.42493（S_{11}）、－0.39251（S_{42}）
5	0.383528（S_{12}）、0.402172（S_{141}）	－0.35982（S_{121}）、－0.34339（S_{61}）

从表 7－7 和表 7－8 可以看出，以上 5 个样本供应链中，采用 ABC-BP 算法不断修正各指标的权值和阈值，得到供应链样本的最优、最差影响因素。样本 1 风险显示重警，绿色产品指数和顾客思想先进性对该条供应链有重要影响，而引起重警的主要因素是企业间联系渠道的拥堵和资金流动性风险的破坏，需采取措施保证有效沟通、资金畅通周转；样本 3 显示无警，库存周转风险、社会环境指标对该条供应链的风险协同作用重大，而经济体制的稳定性、最终产品的周转率对风险预警的影响极小，处于稳定状态；样本 5 处于轻警状态，沟通的有效性、顾客思想先进性指标是该条供应链的主要影响因素，而人为破坏中断风险和供需率的变化对风险的影响很小。

该方法与已有研究（李忱，2011；李继勇，2011；赛义德·阿扑杜勒·雷赫曼·汗，2019）中的方法相比较（见表 7－9），样本训练得出的实际输出与期望输出之间的误差率有所减少，计算时效性增强，解决了 BP 神经预测多种风险同时存在做出判断的有效性问题，同时完善了供应链风险预警的指标体系，扩充了样本多样性和样本容量，可以丰富模型的训练经验知识，能提高供应链协同风险预警的有效性。

表 7－9　T-JIT 环境下与 BP 神经网络供应链风险预警优势对比

对比指标	T-JIT 环境下 供应链风险预警	BP 神经网络的 供应链风险预警	BP 神经网络的供应链 突发事件风险评价
指标选取	36	24	16
样本容量	35	35	30
误差范围	0.0001	0.0002	0.002
权值和阈值的优劣	可对比	不可对比	不可对比

综上所述，影响供应链协同管理的主要一级指标有沟通协作风险 S_1、诚信风险 S_3、信息风险 S_4、财务风险 S_5、道德风险 S_6、运营能力风险 S_7、管理风险 S_8、环境风险 S_9、经济风险 S_{11}、市场风险 S_{12}、技术风险 S_{13}、人文风险 S_{14}，可是上述指标繁多，复杂多变，而应用 ABC-BP 算法可以更精确地预测出供应链所处的风险等级，并更加准确得出影响供应链协同风险的主要指标，同时采取相应措施纠正风险，做到事前控制、降低风险的发生概率。

7.5 本章小结

随着物流智能化的发展，T-JIT 环境的影响要求供应链风险预警满足多品种、小批量、准时制的发展趋势，再加之不确定性环境和顾客需求复杂性突出，智能化的供应链协同风险管理预警平台的构建迫在眉睫，因此为保障供应链各节点企业的风险协同，本书构建了改进的 ABC-BP 风险预警管理平台，包括由指示灯提示的风险提醒功能、对供应链风险的检测功能、对检测结果进行风险防范的功能、通过权值和阈值修正对风险进行纠正的功能，提高了供应链协同管理风险预警各个模块的精度，为风险预警体系的完善打下理论基础。与已有研究方法相比较，ABC-BP 智能优化算法提高了收敛速度和预测精度，同时对比 T-JIT 环境和一般环境，该智能优化方法具有明显优势。

第8章

多元化供应链协同融合发展

现代供应链是建设现代化经济体系的“新增长点”和“新动能”，发展供应链已上升为国家战略。随着全球化和互联网技术的迅速发展，打造全球供应链，实现资源、生产、服务、消费的连接，已成为经济增长的新动力。多元化供应链发展的必然趋势将是供应链内部节点企业和外部环境的融合发展，供应链内部各节点企业之间的融合发展体现在供应链链上的采购、仓储、运输、销售等环节的融合和协同；供应链外部的融合发展体现在供应链与各大产业比如制造业、销售业、金融业的融合发展，这也体现了多元化理论的融合，而供应链协同管理一体化最终的体现方式也是各行业的融合发展。“电商+物流+供应链”的融合发展，将促成新零售时代的商业霸主，也是现代大数据、云计算、互联网、物联网、人工智能等信息技术催生的产物。

8.1 多元化供应链融合发展概况

8.1.1 多元化供应链融合的演化

在“互联网+”推动企业向数字化供应链发展进程中，企业纷纷向大数据挖掘价值（喜崇彬，2015；陈方建，2014），“无处不分析”将成为物联网的新定义；而供应链的全程透明化、可视化，全靠工业互联网的支持才能实现。物流行业更加重视可视化的运营，业务数据趋于实时和移动化，而企业的移动技术战略也从规划执行步入充分普及阶段，货物的流动不仅仅体现在物品的流动，更重要的是体现数据、信息、资金流动的实时叠加。因此，在现代供应链多元化发展背景下，供应链企业内部的融合发展是重中之重。从市场主体的角度，先行的市场竞争逐渐走入跨界竞争的格局，各类市场主体都在做强主业的同时，纷纷涉足上下游产业，整个供应链管理体系也从之前的各环节各自为政，逐渐往生态圈模式发展，这样的发展更加健康、更加高效。因此，电子商务企业与物流企业和供应链企业三者之间的界限越来越小，已经不再有明确的分界线。而各个供应链企业内部也逐渐开始关注企业内部上下游的连通，比如供应链的采购、仓储、包装、配送、销售到顾客手中，各个环节逐渐地在缩短界限，信息化程度越来越高，以更加融合的方式发展。

因此，未来谁能将“电商 + 物流 + 供应链”三大产业的市场经济主体融合在一个平台上赋能，发挥三大产业之间的联动与融合作用，谁就将成为新零售时代的商业霸主，也是引领数字化时代的龙头产业。

8.1.2　多元化供应链融合发展的特点

多元化供应链企业的融合表现为以下特点：

（1）信息化程度较高。未来的多元化供应链融合一定是建立在更高的信息化程度水平之上的，只有这样才能构建大数据的供应链协同一体化的信息化平台。

（2）个性化需求突出。对多元化供应链协同管理融合发展的研究，实际上体现的是多元化理论的融合，多元化的理论是为顾客个性化需求服务的，供应链的绿色化、信息化、网络化、智能化的多元化发展，都是顾客个性化需求而拉动的经济和社会发展需求的结果。

（3）战略合作关系明显。现代企业之间的竞争体现了供应链之间的竞争，而供应链企业之间长期的战略联盟关系是保障供应链能顺利完成运营的核心基础，也是供应链实现数字化采购的关键环节，长期的战略合作伙伴关系的选择促进了企业之间的合作共赢，为供应链企业和社会的经济发展做出贡献。

（4）智能化程度不断提高。未来供应链协同一体化的发展趋势必然是产业之间的相对融合，融合的技术手段必须是高度的智能化协同，智能化促使供应链融合的创新，也是大数据、云计算、人工智能、移动互联网催生的产物，智能化供应链运营平台、风险控制平台、数据处理等的应用，直接为供应链协同的融合发展提供了技术依托。

（5）标准化程度提高。多元化供应链的协同融合，必然是以供应链协同管理的一体化发展为目标，而供应链上各种企业的协同融合必然要求企业之间信息融合、运营融合的标准化程度提高，最新讨论的无车承运人信息化平台标准化体制的制定就生动地体现了这一点，如何规范无车承运人企业和平台的正常运营，并把体制赋予一定的法律效应，是中国物流采购协会和各大供应链企业非常关注的一个问题。

（6）可视化程度加强。多元化供应链协同融合的发展，要求各大企业联盟建立相对应的信息化平台，比如区块链的风险控制管理系统、无车承运人信息运营平台、企业 ERP 管理平台、大数据分析管理平台都需要做到可视化的创新，当然可视化的实现也需要依托人工智能、大数据、5G、移动互联网等先进的科技手段的依托。

（7）数字化趋势发展。在大数据的背景下，未来我国物流与供应链的发展都将趋向于数字化，依托各种先进的科技手段，加之我国“一带一路”中国特色发展战略的基础，数字化供应链已经是学术界和各大企业管理部门研究的重点课题。

8.2 多元化供应链与制造业的融合发展

多元化供应链已经与多个产业融合，如制造业、销售业、金融业等多行业不断融合，而与制造业的融合体现了工业 4.0 向物流 4.0 时代不断转换的过程，同时也为《中国制造 2025》的发展提供机遇与挑战。

8.2.1 智能制造在汽车行业的应用

目前，我国正全力推动制造业的转变，将中国制造转变为中国创造，将工业 4.0 转换为智能制造，把改革的惠果落实到企业，把中国由制造大国转变为智造强国。

传统制造企业共同的特点在于成本较高，经济效益较低，基础设施的信息化水平不高，制造业的高端人才缺乏，国家政府对企业的扶持力度不够，导致经济社会发展水平跟不上时代的步伐，再加之顾客对产品的个性化、多样化需求不断提高，因此产品制造走向智能制造才是企业立足世界之林的根本。

“智能制造”是依托市场需求的变化，集技术创新、模式创新和组织方式创新的制造系统，是集成制造、精益生产、敏捷制造、虚拟制造、网络化制造等多种先进制造系统和模式的综合。利用信息化集成的智能制造应用，背后是庞大的数据网络和系统分支。有关“智能制造”的言论在国内早已不是空谈，以下分享其在制造行业尤其是汽车行业的应用案例。

1. 智能制造在汽车企业的应用

（1）智能公交：面向公共交通、长途客运、物流行业，提供基于定位技术的企业运营调度平台、行业监控平台的解决方案、智能公交调度的 ERP 以及智能公交站牌。

（2）制造信息化软件：面向汽车行业及离散制造业，开展 ERP 咨询服务、生产物流业务咨询及系统开发。SAP、BW、EWM、MES、TM 等解决方案现已在汽车行业众多企业得到成功的应用。

（3）数字化工厂咨询：面向汽车整车制造商、汽车工厂规划设计院、通用机械行业提供研发体系系统化的虚拟仿真咨询、生产物流仿真、工艺仿真、CATIA 导航等。

（4）集成服务与 IT 外包业务：面向整车制造商、零部件制造商、物流企业提供 IT 基础业务服务外包、软件服务、集成项目服务、公用公交服务等。

（5）汽车电子研发：致力于新能源汽车产业，建立成熟的软硬件研发、系统集成、整车策略研发的能力，包括硬件电路设计、固件开发、控制策略制定、通信协议制定等一系列工作，为智能汽车做好基础准备工作。

2. 智能制造在发动机厂的应用

项目建设目标：

（1）通过对工厂的各工段/生产线的生产运作数据收集，建立数据仓库。

（2）通过系统的实施建立一套完整的 VBZ/OEE 指标分析过程和体系。

（3）通过系统自动生成报表、图表，为决策提供依据。

（4）通过系统透视性分析，对比差异，优化改善。

效率核算系统将实现通过记录考勤数据和生产线产量数据，导出各条生产线的实际消耗工时值，并通过实际与计划消耗工时的比值，计算各生产线的效率值。该效率值可用于合理安排各工段不同阶段的班次需求和人员配置方案。

发动机厂可使用 SAP 管理公司核心流程，利用生产物流执行平台（POEP）支撑工厂的业务。效率核算系统通过集成 SAP、POEP 以及考勤系统的接口引用的数据与部分操作人员手工输入的相应信息，最终形成的数据分析报表及仪表板为生产决策起到支持作用。

3. 智能制造在车饰厂的应用

假设某车饰厂公司的生产报表系统利用 FineReport 维护基础数据，按权限在线填报生产数据，最终形成生产报表。

利用 FineReport 对数据的展示和填报功能，在单元格内填报、保存、形成一个报表跟踪过程，最后对数据进行分析。

未来，相信信息化技术带动下的智能制造，作为工业 4.0 的核心组成部分，将会服务到制造业的各个环节，最终实现“智慧工厂”。

8.2.2 智能制造如何与多元化供应链融合

现在多元化供应链与智能制造企业的界限越来越模糊，二者融合发展的趋势越来越明显，制造业竞争的焦点集中在创新能力、供应链集成能力和综合服务能力等方面。在企业的价值链上，从技术产品研发、零部件制造、配套件制造、主机成套设备生产、经营代理、销售租赁到售后服务与维修都需要大量信息技术的支撑。

1. 智能制造的内涵

智能制造（smart manufacturing）是当今的热点之一，智能制造的目标是实现整个制造业价值链的智能化和创新，是信息化与工业化深度融合的进一步提升。智能制造融合了信息技术、先进制造技术、自动化技术和智能化技术。目前，智能制造的“智能”还处于“智能”（smart）的层次，智能制造系统具有数据采集、数据处理、数据分析的能力，能够准确执行指令，能够实现闭环反馈。智能制造的发展趋势是实现“智慧”（intelligent），智能制造系统能够实现自主学习、自主决策、优化提升。

在智能制造所包含的内容中，智能技术包括物联网、机器人、增材制造、云计算、大数据分析、电子数据交换、AR/VR、人工智能等；智能生产品与智能服务可以帮助企业带来商业模式的创新；智能装备、智能生产线、智能车间到智能工厂，可以帮助企业实现生产模式的创新；智能研发、智能管理、智能物流与供应链则可以帮助企业实现运营模式的创新；而智能决策则可以帮助企业实现科学决策。

智能制造包含三个维度：一是产品维度，二是生产维度，三是业务维度。

2. 制造业的供应链融合管理

制造业供应链管理的核心思想包括强调发展企业的核心竞争力，将非核心业务外包；将整个供应链链条看成一个集成组织，链条上的企业都是合作伙伴，对整个网络资源进行整合管理；通过供应链上各企业之间的分工与协作，致力于整个供应链上的物流、人流、信息流和资金流的合理化和优化布置，从而提升整个供应链的竞争能力；供应链管理通过信息共享、风险共担、收益共享，基于供应链整体收益最大化，在合作伙伴之间进行协调管理。

在当今数字化时代下，多元化供应链协同管理也出现新的问题。例如：

（1）牛鞭效应：信息流逆供应链而上，逐级扭曲，导致需求信息的波动越来越大，在商业模式发生巨变的情况下，需求的准确性成为亟待解决的问题。

（2）曲棍球棒效应：互联网时代，曲棍球棒效应发生了变化（如“双十一”），给制造企业的物流、生产带来巨大挑战。

（3）双渠道叠加效应：互联网的发展，线上线下的双重叠加，增加了制造企业供应网络的复杂性，加重了需求预测的难度。

（4）双重边际效应：随着供应链上成员合作程度的日益加深，由此产生的企业间利益分配问题更突出。

制造业供应链管理的共性需求包括：敏捷、透明的寻源与采购；良好的供应商关系，实现双方信息的交互；订单的实时可视化；与物料、订单同步的生产计划与排程；库存优化；高效的运输与配送中心管理；精确的需求预测；物流网络设计与优化。

全程信息共享与透明是供应链管理重要的一点。要做到流程处理可视化、应用可视化、物流追踪管理可视化、存货管理可视化。这个过程涉及很多信息技术，包括 EDI、电子商务、条码技术、EAI、RFID、云计算、GPS、GIS、移动应用等。

制造业供应链管理有五个协同：供应协同、生产协同、需求协同、资金流协同、物流协同。这五个协同构成多元化供应链协同管理一体化最重要的五个方面，同时也体现现代制造业的创新发展的特点。

谈到供应链管理的时候，企业比较容易忽视的是供应商生命周期的管理。供应商生命周期管理包括供应商的管理、寻源到合同、采购到付款。其中采购到付款是在 ERP 内完成的。寻源到合同的阶段是制造业内比较薄弱的。对于供应链质量管理，市场上已经可以看到一些专业的解决方案。另外智能物流准备的应用也是很重要的，如自动化立体仓库、智能堆垛机、智能分拣机器人、AGV、自动识别技术等。此外，对供应链风险的管理也是很重要的。例如自然灾害（比如说地震），以及市场环境、国际国内政治环境、文化环境和经济环境等供应链外部环境的变化，都可能导致整个供应链协同的融合管理瘫痪或者造成一定的经济损失。

8.3 多元化供应链与金融业的融合发展

8.3.1 多元化金融集团如何与子公司融合

随着资本市场日益完善，企业通过多元化扩张谋求发展逐渐成为趋势。然而，多元化集团给企业带来的不仅仅是规模增长，还有大量的管理难题，一旦处理不好，集团化经营就会成为企业的灾难，甚至导致企业的覆灭。可见实现多元化金融集团与子公司的融合发展越来越重要，该整合措施可有效地打通各大信息领域，为企业获得更高的利益。

多元化集团打通子公司信息孤岛，实现信息共享，产业的融合发展是供应链企业发展的总趋势，这就是多元化金融集团与子公司融合的主要理念：以信息共享为核心，以先进的大数据、人工智能、云计算等科学技术为指导，以企业利润最大化为总目标，以实现服务共享型管理企业为总战略，来构建集团与子公司的信息化共享平台，为供应链能顺畅地实现信息流、物流、资金流、人流、知识流的双向流动做好铺垫，实现多元化供应链协同管理一体化的稳定发展。

8.3.2 传统供应链金融行业与科技技术的融合

传统供应链金融依靠单一核心企业的协调模式已经不能满足多元化发展的需求，而且存在信息不对称、不透明、造假、被篡改的风险，因此需要借助新一代信息技术来推动传统供应链金融向数字化、智能化的转型，更好地将信息流、资金流、物流进行整合分析，建立动态信用评价体系，从而实现资金的高效率、高质量投放。

可以预见，在区块链、大数据、物联网等技术融合下，供应链金融将走向数字化的形式、O2O 的模式、智能化的方式，并依托于相关技术的范式，协助构成未来的产业生态。

1. 区块链技术在供应链金融的应用

供应链金融是典型的多主体参与、信息不对称、信用机制不完善、信用标的非标准的场景，与区块链技术有天然的契合性。在区块链供应链金融模式下，能够协调所有参与方共享数据并形成合作。图 8－1 显示了区块链技术在供应链金融方面的应用。

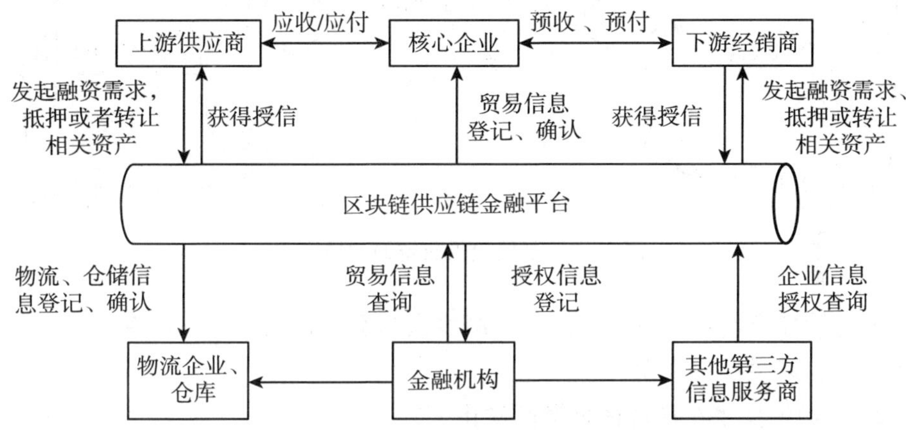

图 8－1　区块链供应链金融业务模式

具体来说，区块链技术在供应链金融场景中的应用体现在四个方面：

一是区块链作为一种分布式账本，为各参与方提供了平等协作的平台，降低机构间信用协作风险和成本。链上信息的可追踪与不可篡改，多个机构之间数据实现实时同步，可实时对账。

二是供应链中往往有多层供应、销售关系，但在供应链金融中，核心企业的信用往往只能覆盖到直接与其有贸易往来的一级供应商和一级经销商，无法传递到更需要金融服务的上下游两端的中小企业。区块链平台的搭建，能够打通各层之间的交易关系，从而实现对与核心企业没有直接交易的远端企业的信用传递，将其纳入供应链金融的服务范畴。图 8－2 展现了多层级供应链的营销模式。

三是传统贸易融资中的商票、银票流转困难，且不可拆分，应收账款、预付账款、存货等更是如此。通过在区块链平台上登记，将此类资产数字化，流转更容易，而且可以进行拆分，方便企业根据自身的需求转让或抵押相关资产以获得现金流支持。

四是供应商与供应商之间的结算在合同里约定，没有办法通过系统化的方式自动完成，造成金融机构在多环节参与供应链环节，没有强有力的回款保

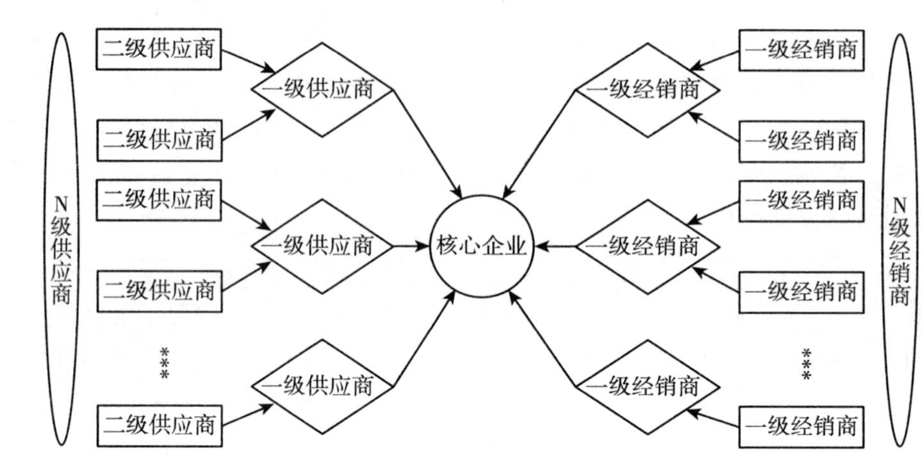

图 8－2　多层级供应链的营销模式

障。通过智能合约控制供应链流程，减少人为交互，提升产业效率，智能合约自动执行，减少操作失误。

2. 大数据技术在供应链金融的应用

近年来，随着一系列关于物流与供应链新规的出现，政府也开始重视供应链的发展，大力扶持相关产业。在政策支持推动下，大数据应用得到快速推广，市场产值增长明显。图 8－3 显示，2017 年，大数据市场产值高达 4700 亿元。其中，为金融、政务、电商三个行业提供大数据产品和解决方案的企业最多，分别占比 63%、57%、47%。

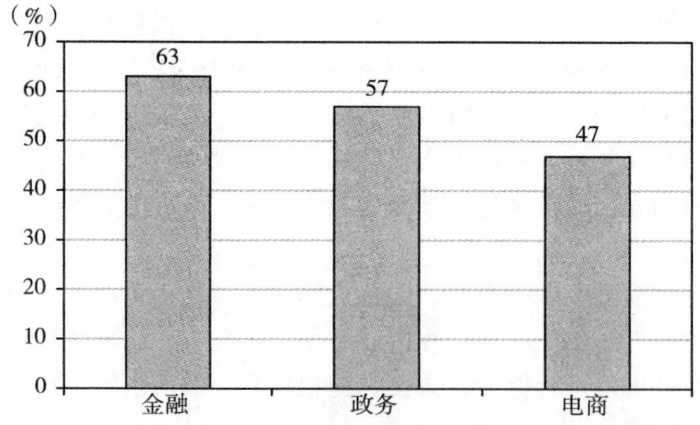

图 8－3　提供大数据产品和解决方案企业最多的领域分布

资料来源：根据前瞻产业研究院有关资料整理。

可见，由于金融行业的特殊性，大数据与之融合有着天然的优势。而在供应链金融中，大数据技术主要作用于整合资源信息、解决信息不对称问题、指引金融服务商业等方面。具体作用如表 8 – 1 所示。

表 8 – 1　　大数据技术在供应商金融的应用优势

优势	具体内容
匹配用户需求，设计个性化金融服务	大数据技术可通过数据挖掘匹配多种数据源，结合行业发展动态，精准把握中小企业需求，将企业寻找信息转换成信息主动寻找企业，为中小企业设计各种个性化供应链金融服务
完善交易征信，降低信息不对称	大数据应用模式下征信及自动贷款后基于的交易数据主要依托的是动态、可持续的财务数据源，其将对相关主体的财务数据、生产数据等多维的立体数据梳理分析，并通过订单、库存、结算等明细交易记录进行交叉验证，获得企业最真实的经营状态，提高征信服务质量，降低信息不对称
实现量化授信，精准把控风险	依托传统模式下征信数据所作出的授信决策存在单一、不准确、更新频次慢等问题。依托大数据技术后，对企业的授信可通过模型结合动态数据源脱敏处理、行业数据、外源数据，得出行情分析，价格波动分析，实现实时监控的分级预警、量化授信，精准把控风险
建立授信主体数据库，完善数据交互	大数据应用模式通过交易网关数据模式建立授信主体全方位数据库，从云端获取中小企业交叉数据，智能匹配中小企业进销存 ERP 系统，彻底摆脱核心企业硬性担保、占比份额等措施，系统地防范控制金融风险，实际缓解中小企业融资难题
提炼多维数据源，辅助参考决策	大数据技术可提炼授信主体高管个人数据信息，辅助参考值做出决策。通过对高管人员日常生活的交易数据（如消费金额、消费分布）、社交数据（如微博、微信）分析高管人员特性、习惯，交叉验证授信主体实际财务状况，预警授信主体实际控制人还款意愿
判断预期交易量，精准渠道分配	在对授信主体建立完善的全方位立体数据库后，结合行业数据源，通过相应分析模型可预测出相应的供应链上各数据相互影响关系以及各联动变动规律，把一定时期内的消费和流通作为常量，将最大限度地预测终端消费量的变动对供应链各数据源的影响，判断预期交易量，判断渠道、市场的分配量，实现流通和消费的打通，最终提升供应链管理的效率
优化风险控制技术，实现高效自动化	大数据技术从机器人终端采集企业数据到数据清洗、数据整理分析全部通过计算机完成。大数据技术应用模式下的风控预警依托的是实时优化风控技术，实现更新的交易数据、实时追踪的风险测算结果，一旦触发风险预警，有足够的时间采取措施转移风险，如要求授信主体提供第三方担保、承诺差额支付等强制增信措施，或金融机构及时进行资产保全等

3. 物联网技术在供应链金融的应用

物联网通过传感器装置将所有物品连上网络，产生的数据因含有物品的时间、位置、环境等信息，比起互联网产生的数据更庞大、更客观而且全面，因此物联网与金融的结合，在定价、风控、监管方面具有显著的优势。例如，通过物联网技术，银行可对抵押物实行全面监控，随时了解供应链上下游企业的经营状况；保险公司可掌握车主的行为习惯，进行精准的保险定价；租赁公司可实时监控车辆状况，实行动态监管（穆罕默德·海达里，2019）。

随着信息化时代的发展，物联网将辅助供应链金融创新，拓宽中小企业融资渠道，使供应链金融服务电子化、网络化和自动化。供应链金融服务未来需要提升的方面包括：供销企业从提交融资申请到放款，企业从补充保证金到去监管仓库赎货；供应链成员企业工作采用全流程电子化处理，替代纸质合同、盖章、传真、电话等线下烦琐工作，帮助企业最大限度节省管理费用。

8.3.3 供应链与金融业融合发展程度

供应链与金融行业的界限越来越小，供应链金融成为供应链与金融融合发展的新领域，供应链金融的专业性是促成其良好的商业性表现的必备前提，专业性直接影响到供应链金融产品的价值实现，同时，无论是个体还是组织，有专业性才能有独立性，不会因贪婪而罔顾一切，不会因恐惧而犹豫不定，因此必须尊重专业性、合理商业性，寻求平衡，挖掘融合产业特色。

在产融结合丰富内涵和互联科技提升效率的助推下，供应链金融正呈现新的姿态、生成新的业态、创造新的生态，虽然风险犹在、反思仍需，但新技术、新手段、新模式的开发和运用为供应链金融的健康发展提供了新的支撑和动力，必须积极主动融合并强化自我建设。

1. 对专业性的再认识

就银行而言，无论是供应链金融不良贷款的处理，还是供应链金融项的“停、压、退”，都还只是表面现象，在这背后隐含着一个更值得关注的问题，即对于供应链金融专业性的质疑。

在供应链金融业务风险集中暴露以来，对其现象、成因、处置、防范等问题的研究已经非常多了，概括来看就是表明供应链金融有其独特性，但其发展必须是要遵循银行的普遍经营规律和市场竞争规则的，过度追求商业性（本书所称的商业性是指供应链金融为银行带来的增量、增收、增存款、增客户等效用）必然会导致供应链金融专业性的扭曲和变形，进而产生严重的负面影响。

回顾供应链金融的发展历程，其链式的营销思维、客户群体的整体拓展、多产品的组合运用、全流程的监测管理、多样化的担保增信等均对银行传统经营思路带来重大突破，对促进社会经济发展起到积极作用，其商业性成果是显著的，其价值也是毋庸置疑的，这些都促使新的行业不断发展，是产业之间融合的新产物。

供应链金融服务须认真吸取未能有效防范风险的沉痛教训，要始终坚持了解产业、支持实体，掌握关键点，管控全流程。供应链金融只有寻求专业积淀的规范和成熟，才能逐步消除对供应链金融专业性的质疑。

2. 对客户价值的再认识

目前，银行的客户营销管理基本上是仅限于客户与银行直接发生的业务关系，着眼于单个客户的单产提升，包括运用线上方式提升客户体验，使客户对银行的资产、负债、收益做出更多的价值贡献。借用一下关系应用能力是互联网时代新的赋权能力的观点，作为银行也应增强对客户关系的应用能力以掌控一定范围内社会层面上的新的赋权能力，从而获得更多的资源以实现目标。

因此通过供应链金融业务的发展，可以改进银行只关注某个客户自身存贷的营销思维，进而挖掘对客户生意圈关系的应用和运作，通过客户连接、信息连接、贸易连接、资金连接，在主动连接中构造和形成银行新的价值、新的影响力。

3. 对生态建设的再认识

中国市场的互联网金融呈现的主要是渠道之争，或者说是占领渠道的平台之争。从互联网巨头的行为模式来看，互联网金融是通过开放性的技术手段建设封闭性的生态系统，实现路径是从用户入手，以其庞大的体系（系列化平台）减轻个体被封闭的感觉，强调以激发流量来嵌入并实现金融服务的价值，最终挖掘分析运作用户数据。

正如电商平台在向金融延伸的同时保持电商本色一样，银行在提升大数据获取能力的同时也仍然是要保持金融本色，以多样化的手段实现外延性扩展，在互联互通的时代创设以银行为中心的闭环生态圈。当然也要密切跟踪互联网和区块链技术对于去中心化、去中介化的进展程度。

供应链金融作为站在产业链全局的高度提供综合性金融服务的模式，以其资本低耗性、资产交易性、模式灵活性等显示着独特的价值，并自有其宏大的发展远景。万物有理，大道至简，每一个供应链金融的参与者都应回归本源，坚守本意，在供应链金融大时代中共同创新探索新的融合发展趋势，以求大成。

8.4 多元化供应链企业融合发展过程的人才构建

要想实现智慧供应链企业的融合，借助高科技的技术手段进行实现数字化供应链，就必须依托优质的物流人才，而我国目前供应链大数据人才依然存在千金难求的困难局面，需大于求的局面将持续很长一段时间，为了跟上现代智慧供应链的步伐，我们迫切需要加强数字化的物流人才培养，增强校企合作，培养复合型的物流新型人才。引入大数据、互联网、云计算、虚拟仿真等技术手段，采用国际化、标准化、程序化的技术开发路径，打造学、练、评一体化平台。

8.4.1 供应链人才新环境

供应链全球化、智能化发展持续升级，促进产业链、供应链和价值链的融合与创新发展，重塑竞争力，实现追赶超越，是摆在国家、行业和企业面前的现实问题。供应链创新发展已经上升为国家战略层面，国家通过政策全力推进供应链创新与应用。无论是零售型企业、制造型企业还是物流企业在此时代背景下，均将供应链创新与应用上升为企业战略层面，企业未来的竞争是整个供应链的竞争，更是人才的竞争。但是，整个行业极度缺乏符合发展要求的高端复合型人才，这对高校供应链人才培养提出新的需求和挑战。“培养多层次供应链人才”是落实和推进供应链创新与应用的重要措施，也是国内供应链管理专业人才培养的目标。加强培养兼顾计划、采购、生产、物流等方向的高端供应链人才，以现代供应链人才培养需求为依据，重构课程体系和教学内容，创新人才培养模式，已经成为我国高校供应链人才培养需解决的问题。

（1）从整体背景来看，越来越多的企业开始把数据人才作为企业经营战略版图的核心组成部分，集中表现越来越愿意花高薪聘请大数据人才，整体薪资水平在不断提升。但是大数据人才市场依旧处于紧缩状态，无论是大数据科学家，还是资深的大数据架构师，或者是普通的数据产品经理，在整个市场中还是一将难求，企业面临的大数据人才供应挑战不断加剧。

（2）站在供需平衡的角度，这也不难理解，毕竟这些年来，优秀的大数据人才培养的成本居高不下，培养周期长，人才供应始终是在大数据人才需求越来越大的背景下捉襟见肘。对传统企业更加不利的是，在这样紧俏的供需背景下，有两点主要因素更加制约传统企业的人才建设：

一是薪资竞争力不足。由于缺乏足够的薪资空间，相对于互联网企业动辄能提供高出传统企业几倍的薪资标准，传统企业对于大数据人才的吸引力是大幅下降的。这就从民生根本问题阻碍了供应链人才的培养。

二是企业创新环境不足。传统企业由于其管理特点和业务管理的复杂度，其接受数据文化的过程比互联网企业要漫长，相对而言给大数据人才造成了一种“创新环境不足，推动大数据建设阻力较大”的印象，甚至对部分求职者来说，传统企业创新环境的缺失直接导致大数据工作在传统企业的价值不够大，在他们看来去传统企业也变成了一种次要选择。

综上所述，上述两点导致的大数据人才缺失难题，可以说是一直以来制约传统企业数字化转型的关键痛点，未来新环境快速变化又将企业推进大数据人才体系建设的迫切度和难度推上了新的台阶。

（3）大数据爆发式增长的这 10 年，大数据人才始终是这股浪潮中的焦点，但如何更好地定义大数据人才在企业的发展和职能定位似乎变成了一个始终缺乏最优解的难题。2018 年，在玛丽·米克尔（Mary Meeker）发布的《2018 年互联网趋势报告》里特别提到，终身学习成为重要的趋势，基于诸多新出现的职业的知识需求（如机器学习、深度学习、数学思维等）在 2017 年已经成为全球范围类最主要的教育需求。

互联网时代瞬息万变，不仅在知识的广度和深度方面给首席信息官（CIO）、数据总监、业务分析师提出了更高的要求，还在数据工作上提出了更多的挑战——如何给企业打造一条满足个性化诉求和用户感受升级背景下的成功实践之路。而这条路的实现需要企业自己结合行业资源、整合企业内部需求，塑造企业自身具有竞争力的大数据造血能力，这也加剧了“无人可用”“无能人担当”的人才困难。

（4）企业普遍进入大数据落地阶段。可以从企业数据落地现状和现有人才准备两个角度分析。如图 8－4 所示企业大数据项目现状分析。

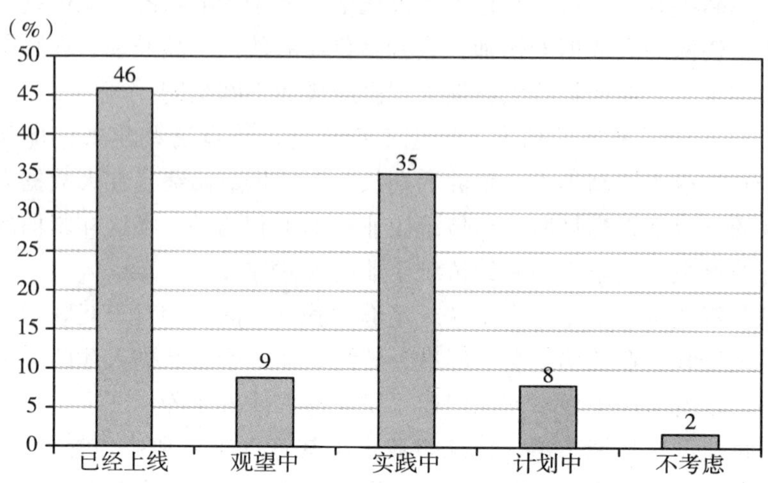

图 8 –4　企业的大数据项目现状

资料来源：帆软数据应用研究院出品的《让数据成为生产力》。

由图 8 –4 可以看出，接近 81% 的企业已经进入大数据落地阶段，观望与计划中的企业比例已下降到 17%，而只有 2% 的企业对于大数据项目不作考虑，对于大部分企业来说，大数据已经不是一个空洞的概念，而是已经应用到企业实际感受中。

12 个在大数据项目推进缓慢的企业集中反馈出企业存在以下问题：缺乏规划能力、业务太复杂、数据质量差、性能太差、上线不成功、取数难、需求多样、项目成本太高、缺乏工具。针对以上问题，大部分企业选择服务外包给第三方合作企业，比如和专业的数据工具厂商从工具、咨询到项目落地的整体合作，以避免多方扯皮、整体效率不高的情况。

总体而言，这些问题大部分是逐渐趋向由专业的部门解决，甚至完全解决的状态，但缺乏数据人才依旧是企业的核心痛点之一，大部分供应链活动花钱是可以解决的，保证满足企业发展的基本诉求，但是唯独人才机制这个问题花钱不一定能解决。站在企业人才现有储备的角度来看，不同的企业类型对人才需求的类型有不同的要求，数据人才的储备现状差异较大，但是总体处在大缺口阶段。

8.4.2　大数据人才体系构建的角度

我们将从企业的数据发展现状、数据文化建设、数据人才制度 3 个角度，探讨如何提高企业的大数据人才体系成熟度。

1. 企业数据发展阶段：清晰定位企业现状是关键

企业准确清晰的数据定位是推进数据化人才的第一步，因为企业不同数据发展阶段，对于 IT 资源、人才资源、资金资源的需求不尽相同，更重要的是不同阶段企业感受到的数据价值和影响力差别显著，所以大数据团队的负责人第一步需要帮助企业清晰地找到定位，基于当前定位能给企业带来的数据价值推动企业高层对资源倾注的信心。

一般从使用深度、工具平台、文化特征、企业人群 4 个角度看企业大数据发展不同阶段的差异和特点，具体如图 8－5 所示。

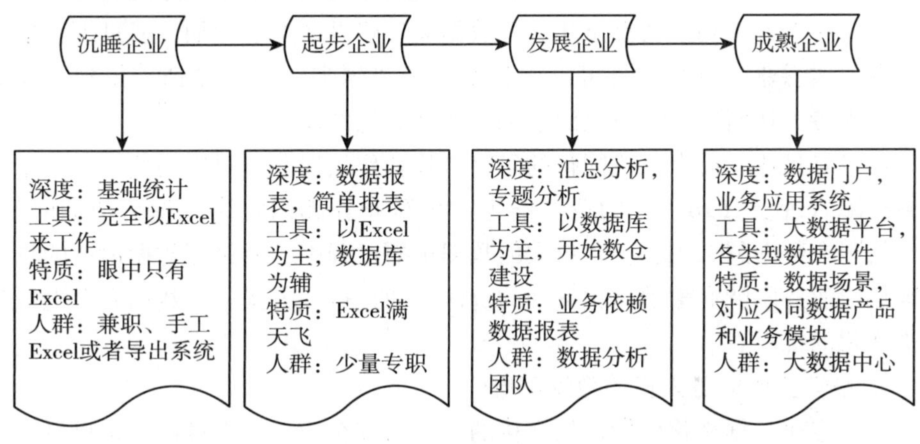

图 8－5　企业数据发展阶段

（1）对沉睡型企业，基本就是用 Excel 做一些基础统计和数据整理，在企业文化中数据就是 Excel，做数据分析的人也基本是兼职，并非设置独立的岗位，独立的专业。

（2）在起步阶段的企业，已经开始有了数据报表进行报告的习惯，企业特质就是 Excel，工具还是以数据表格为主，数据库为辅，企业内部也出现少量的专职人员维护数据库。

（3）在发展型的企业里，我们就会发现应用深度逐渐转向了分业务专题、分汇总明细的数据分析，文化特质变成了用数据说话，用数据规范工作，使用的工具也开始变成了以数据库等专业的分析工具为主，并且有了数据仓库的尝试，并且有专业团队负责数据工作。

（4）在成熟型企业，特点更加鲜明，应用深度在企业级数据门户，已积累出不少对应业务场景的数据产品，数据类产品或服务是业务运营的核心组成部分，工具往往是大数据平台或者是各类成熟的数据组件，这时候管理数据运营的是企业的一级机构，叫大数据中心。

企业在不同发展阶段，面对的数据挑战和相应的资源储备都是有极大差异的，对数据人才的要求自然不尽相同。只有清晰定位，才能有的放矢，进而推进企业改变数据现状，找到不同阶段的不同策略与方法。因此，准确有效地帮助企业找到数据并发现现状的定位至关重要，但大部分数据团队经常忽略这一点，或不能实现准确定位进而导致南辕北辙。

2. 企业数据文化建设：最困难也是最重要的角度

企业认可数据、积累数据的过程中，大数据团队对数据人才的培养也会逐步完善，这些方法和技巧都是建立在数据文化建设之上。比如，通过不断地了解数据、熟悉业务流程，就可以让数据应用“携带”管理价值，得到领导的认可与支持，从而更好地自上而下推动数据文化的建设。

通过寻找业务需求、找同行的思路、找合作伙伴获得对应的技术方案来培养数据库管理员（DBA）的业务能力。在给业务部门宣讲数据价值的时候，不要局限在数据怎么用，要在每次的数据传播过程中，通过用数据说话的场景和案例给业务团队灌输数据化管理的价值。通过这些方式，让数据人率先成为数据文化的推动者。

3. 培养企业业务人员的数据思维

推进企业数据文化建设，最直接的就是培养企业业务人员的数据思维。一方面，可以用大屏幕进行数据强制展示，将企业的数据信息展示出来让大家直接感受价值。比如可以在生产车间进行生产工艺监控的看板展示，让一线人员直接通过看板指导操作和辅助生产运营、预警监控，这对业务是有价值的，通过部门层面的习惯培养，就能逐渐形成重视数据的部门，这些部门对后续工作的推进至关重要。另一方面，需要通过理论传播到能力培养的过渡来帮助业务部门提升作业效率。

4. 企业数据人才制度：推进人才机制推动的灵活性与主动性

推动人力资源部门进行人才需求规划，不仅仅是人力资源部门的基本职能，也需要业务部门如大数据中心的协助支撑，即企业大数据人才梯队的建设不能只依赖于人力资源团队，还要需求方加强人才机制的主动性和灵活性。大数据人才指从事大数据相关领域工作的人才。主要包括拥有算法设计、程序编写、数据分析等专业技能的核心人才和既拥有某些行业背景又具备一定大数据专业技术应用的复合型人才。推进人力资源部门就大数据人才相关的人事工作达成统一的标准，并提供正式的工作操作流程和模板，是改变企业缺乏大数据人才的实质性步骤。通过有效的沟通机制和人才需求监控机制的建立，可以帮助数据团队更加机动灵活地应对不同类型的数据应用背景，充分挖掘不同背景下的数据价值。帮助人力资源团队更好地构建企业的大数据人才职业发展的规划也非常重要。在新型人才的机制建设过程中，人力资源团队本身也是需要来自业务诉求方更全面的建议和想法的，这样可以帮助他们将战略规划、员工的职业生涯规划、员工培训、长远激励等与员工的职业发展通道在组织的各种变革过程中迅速调整与适应。

特别是为大数据人才提供与其职业生涯规划相匹配的职业通道，能让大数据人才在选择企业时比较清晰地了解晋升的标准与渠道。如果企业给予他们职业发展机会比较多，除晋升外，还拥有各种调岗、轮换的机会，就能大幅提高对于优秀数据人才的挽留力度。

5. 增大企业投入预期：有效激发企业需求，加大对大数据人才的资源投入

数据团队要充分激发出企业的大数据需求，比如：抓住机会去推动企业的数据项目建设；可以站在企业经营层面上，建立数据架构。数据化的业务能力不是简单的统计，而是整个企业的分析体系，采用智能化的统计方法整合数据，形成一套数据管控体系。该管控体系可以说是 IT 的能力，也可以说是在比业务更高的层次去管理并理解业务、去支撑业务的有效手段。

8.4.3　未来大数据人才培养的新挑战和新契机

为了更好地探索大数据人才在传统企业的发展趋势，约翰娜·特鲁希略－迪亚斯（2019）对某企业的人力资源团队进行了调查，梳理出这些年明确的大数据人才挑战：

（1）大数据的工作价值缺乏有效量化。

（2）缺乏匹配的职业规划。

（3）大数据人才缺口大，面临巨大的招聘压力。

（4）优秀的大数据人才流失率高。

（5）企业文化难以落地、评估。

（6）大数据人才成本快速上涨。

（7）管理层对大数据投入态度不明朗。

传统企业在过去的大数据人才招聘中面临的大挑战是“大数据的工作价

值缺乏有效量化”，传统企业要解决这个问题，依靠之前在人力资源方面的单点突破，在新的环节和组织变化的背景下已经略显吃力。

在新的企业环境和行业环境下，企业的大数据从业者和团队领袖在大数据人才体系建设作用至关重要。

系统化解决大数据相关的组织和人才的问题，不仅仅需要在招聘和人才培养、继任体系搭建等方面运作一个又一个的项目，更需要企业的大数据中心在为企业经营决策中提供支持的同时，进一步去探索和归纳以大数据人才为核心的企业运营最佳实践，为人力资源团队提供有效的数据和实践支撑，让人力资源团队的焦点不局限于解决数据人才的温饱问题，而是通过建立整合式的大数据人才管理体系更好地提升企业的大数据竞争力，推动以大数据能力为基础管理升级。

另外，大数据人才体系建设也是企业管理者们进一步实现自我价值的不可多得的契机。同时也为《中国制造 2025》顺利实现提供源动力，为我国新兴专业的发展提供基础。

8.5 智慧企业——中国 3C 制造业物流供应链新格局

智慧企业，是企业的数字化转型依托新的互联网技术手段，与传统业态下研发、生产、运营、管理、销售等体系进一步交互升级，完成新一轮自我进化，这个进化的最终形态我们称之为智慧企业（崔仲付，2019）。

智慧企业包括智慧互联、智慧决策、智慧协同三个主要方面，智慧互联体现在整个供应链研发、生产、运营、管理、市场等环节的实时可知；智慧决策主要指利用目前最先进的大数据、人工智能、云计算、AI 技术来放大数据的价值，为决策提供依据；智慧协同主要是指各种决策的快速输出能力，组织之间的迅速响应和快速协作，这也体现了信息化程度的高低。

中国 3C 产品制造业电商市场主要包括电脑（computer）、通信（communication）、消费电子（consumer electronics）。电脑包括电脑整机和外接设备；通信包括手机整机和手机备件；消费电子包括小家电、相机和影音播放等。根据商务部《2018 年中国 3C 行业分析报告——市场深度分析与发展趋势研究》报告显示，中国已经成为全球的 3C 产品制造中心，3C 制造业企业的发展趋势不断增长，但是主营业务增长的速度不断减慢，景气指数下滑，整体企业结构属于劳动密集型产业。3C 制造业的企业数量趋于稳定，处于一个存量的时代，品牌的集中度高，竞争态势仍将保持。行业整体规模趋稳，技术升级趋势明显（智能制造、智能化产品等）；企业市场的定位要重新评估，尤其在目前大数据背景下，信息化时代不断发展的趋势下 3C 制造业更应该抓住时代的机遇与挑战，实现自己的科技创新价值。

8.5.1　3C 行业物流供应链的特点

（1）安全性高。客观上来说 3C 行业不管是人员还是财产事故的发生率都比较低，该安全性是依托最先进的科技水平来完成的，因此，信息化的融合创新也是提高安全性能的重要保障。

（2）运输质量高。信息化的融合和供应链各节点的有效对接，都要求高效的运输质量成本。

（3）信息传递顺畅。信息传递顺畅的重要保障是供应链协同水平高低的体现，也凸显了供应链信息化程度沟通的有效性。

（4）时效性快。3C 制造业最重要的一点是时效性快，在供应链整个环节能保持协同。

（5）网络覆盖强。它体现在信息共享率指标上，即信息化程度高。

（6）服务质量高。制造业不断通过转型升级来适应社会的需求，服务水平的高低也是未来转型的一个新趋势。

8.5.2　3C 物流企业的新需求

根据对 3C 物流制造业企业的现状和特点分析，我们可以得出如图 8 –6 所示的新需求。

8.5.3　3C 制造业物流供应链新趋势

1. 全渠道

（1）单渠道。这是指传统的物流供应链渠道，即单纯的生产、销售、配送，没有企业的融合特点。

（2）双渠道。它依托 5G、人工智能、大数据、云计算、移动互联网等先

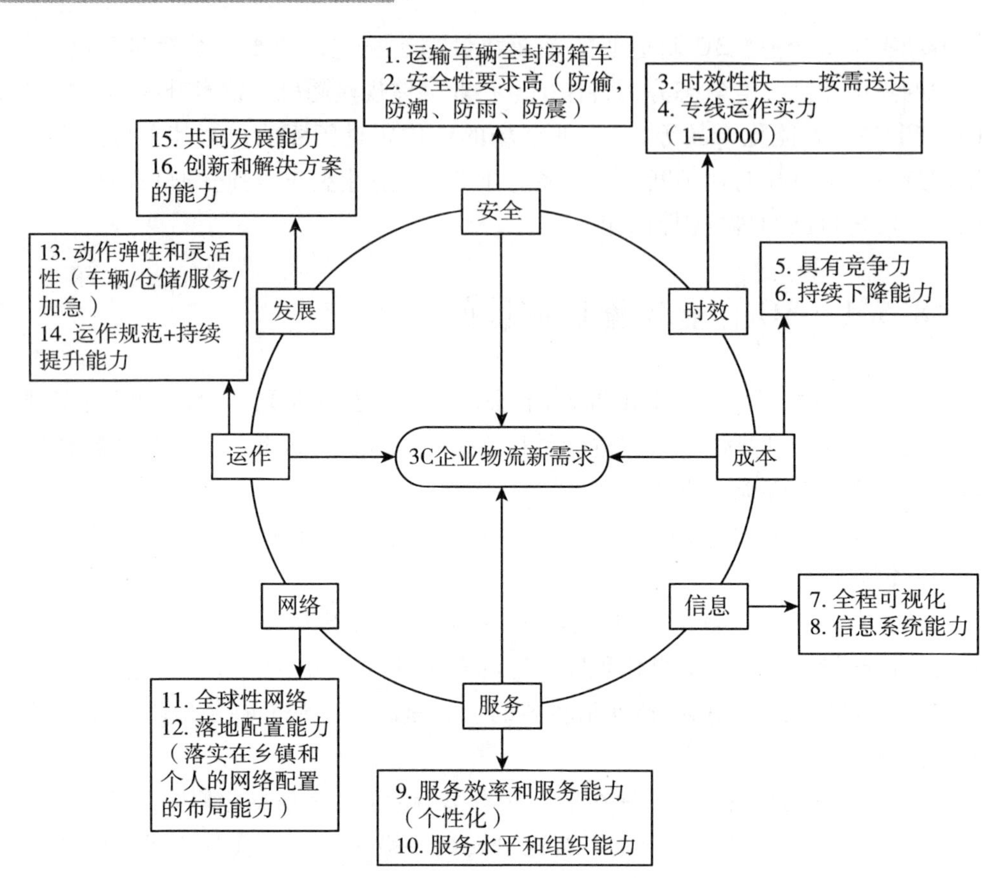

图8－6　3C制造业物流发展新需求

进的技术，实现制造业线上、线下的供应链营销模式。

（3）跨渠道。跨渠道是指渠道之间表现出的交叉性、复杂性。

（4）全能渠道。它可以满足不同的个性化需求，集合供应链采购、仓储、配送、销售为一体，同时与信息化融合，实现与各大产业如制造业、销售业、金融业不断融合，为实现数字化的供应链协同管理提供沟通渠道。

2. 全外包

制造业中有三大业务板块——采购物流、生产物流、销售物流，新兴的供应链产业需要把这几个板块全部外包，外包给专业的物流部门，实现更专业化的业务往来，而业务的外包需要制造业与物流企业建立合作伙伴的战略联盟关系，融合程度加深，为整体供应链的转型升级做出贡献。

3. 智能化

智能化体现在供应链协同管理的各个方面，是数据驱动物流的产物。它遍及全品类、全渠道、全流程、一体化物流服务等各个方面，是物流创新商业模式，建设集约、高效的智慧物流互联网运营平台的基础。智能化也是服务国家战略，服务国家物流业中长期发展战略规划，实现中国制造 2025 战略方针的要求，也是打造高质量的供给侧物流产品及服务的动力所在。

4. 生态化

生态化主要以企业盈利和客户满意度为核心，围绕制造业的专业化分工、运行效率、赋能的智能化团队优势、生态的信息化工具这几个方面进行加强。要加强局部弱化的专业业务处理能力，增强部门的沟通，强化考核制度；集成架构（ISC）、供应链绩效指标、信息化建设都需要加强；要构建智慧生态圈企业平台，大数据应用促使运作模式标准化创新，达到供应链整体成本最低的效果。

5. 脸谱化

脸谱化是供应链企业新的象征，主要指实现整个供应链环节的可视化，任何环节出现问题都能及时准确地反映出来并能动态调整，使供应链整个运作都能实时准确地展现在客户面前。

3C 制造业的发展新需求和特点，反映了多元化供应链协同管理信息化、网络化、智能化、绿色化的发展融合，同时也体现了制造业和供应链、金融业等的业务融合，体现科技物流、数据金融、物流信息化业务板块的发展需求，同时构建智慧物流协同平台，向各企业主体提供物流科技管理手段和运营服务；做到智能网、运力网、协同网的三网融合，依托大数据，丰富增值服务，拓宽运力网，以资源开放、运力共享、服务协同为理念，建设一体化协同网，实现客户协同、伙伴协同、运力协同，促进共同融合发展。

8.6 本章小结

本章主要介绍了多元化供应链与制造业、金融业等多行业的融合发展。首先指出多行业供应链融合概念和意义，分析了传统制造业到现代智能制造业的演化过程，并介绍了智能制造和多元化供应链的融合；其次介绍了供应链与金融业的融合如何体现在供应链金融专业性要求上，并以大数据、人工智能、移动互联网为依托，结合智慧供应链的发展需求，构建多元化产业融合发展的服务管理平台，实现供应链协同融合发展；最后考虑如何在大数据背景下构建人才培养体系为企业创造更大的价值，在给企业带来巨大的经济效益的同时也为整个供应链智能化的转型升级提供依据，为供应链服务型管理人才的培养提供见解，有效地提升高校毕业生就业能力，培养出为国家有用的物流专业人才。

第9章

多元化供应链协同发展前景

9.1 多元化供应链协同一体化研究结论

随着中国经济的突飞猛进，网络时代特点凸突显，顾客个性化、多样化需求不断增大，根据政府对供应链提出的重大战略部署要求，我国供应链发展正朝着信息化、绿色化、网络化和智能化的多元化方向前进。本书以 T-JIT 供应链发展为研究背景，以多元理论思想为研究基础，同时结合供应链的本质特征，以信息化、绿色化、网络化、智能化的多元化供应链为研究主线，基于运筹学理论、博弈理论、风险预警理论和 T-JIT 理论，采用数理统计和智能优化方法，借助 MATLAB、LINGO、SPSS 分析计算软件，研究了多元化角度下供应链协同管理的一体化模式，为政府部门和企业等决策主体提供决策依据。得出的主要结论如下：

（1）本书利用 AHP-EM 和 TOPSIS 法对阶段 1 进行供应商选择，应用阶段 1 中的权重，采用多目标混合整数规化模型对阶段 2 进行订单分配研究，用最大最小化法转换信息共享率使计算更准确，对比得出：在 T-JIT 环境和不确定环境下信息共享率成本越大，供应链总成本就越小，核心企业应选择信息共享率比较高的供应商进行合作并分配采购量，为供应链采购管理中决策机制提供决策主体、决策目标、合作伙伴选择、决策分配选择的依据。

（2）在二级供应链中，本书考虑产品绿色度和广告效应等因素对绿色供应链和非绿色供应链企业在分散决策模型和集中决策模型下调节利润分配，使供应链上制造商、销售商和总体利润最大化，并得出：供应链各主体和政府部门应加强对绿色产品和广告促销的补贴率投入，制造绿色度较高的产品为企业带来最大利润，同时增加广告促销投入成本，为企业带来更大利润；集中决策模型的优势要求供应链企业之间重视相互合作，确保绿色物流服务创新和企业可持续发展水平的提升。

（3）本书针对双渠道供应链风险绩效管理的复杂性问题，对双渠道供应链企业正确识别、评价、选择供应链风险指标做出研究。建立了梯形直觉模糊数多属性指标判断矩阵，利用 FAM 法对评价指标进行降维处理，选择出主要影响因素并计算出指标权重；利用 TrIFWA 算子和直觉梯形模糊数的期望值计算决策者的期望权重，解决了风险绩效评价指标融合困难和权重确定“过硬”问题。选出广告促销服务这一主要影响因素，同时引入网络渠道替代因子来协调网络化的双渠道供应链，使整体利润最大化。当制造商网络渠道替代性增强时，制造商会提高定价，零售商会降低售价来吸引顾客，促使利润从制造商流向零售商来达到平衡；供应链各主体和政府部门要加强广告促销服务投入，保证各节点企业整体利润最大化。通过上述对指标评价的约束、政府和供应链主体对网络替代因子和广告投入的调节约束，才能保证渠道协调的稳定性。

（4）本书在原有 BP 神经网络算法基础上融入仿生的元启发式智能优化算法——蜂群算法（ABC），修正了原始 BP 神经算法的权值和阈值，缩小系统误差以达到预期范围，提高了风险预测的精度；用 5 种不同颜色来预测每条供应链处于何种状态，体现风险警示的内容；对隐含层最优、最差权值和阈值进行分析，找出了供应链关键的风险指标，有针对性地提出改进措施，能有效预防和缓解风险的产生。建立智能化的供应链协同风险预警平台，体现供应链智能化的发展水平。

（5）在大数据、云计算、移动互联网、人工智能、物联网等背景下，物流、电商、供应链三大产业不断融合是多元化供应链协同管理的一体化研究的另一重要方面。本书提出应构建智能供应链协同管理体系，实现整个供应链运营过程的实时性、可视化的管理目标，为决策者提供准确、及时的信息；提出供应链与制造业、金融业的融合发展，重点强调供应链金融产业的重大意义，根据企业的诉求，要求重视和培养高素质的复合型大数据供应链管理人才，为大数据背景下供应链与制造业、金融业等产业融合提供人才储备力量，提高产业的融合发展程度，实现《中国制造 2025》构建智慧物流的战略总方针做出贡献。

9.2

多元化供应链协同管理一体化研究的创新点

本书的创新之处主要体现在以下几点：

（1）以多元理论为研究基础，打破以往单一的供应链格局，全方位展示了现代供应链协同发展的个性化时代特色，从信息化、绿色度、网络化和智能化等方面推进整个供应链协同管理的国际化水平；同时提出了绿色度的供应链协同管理概念，主张以服务水平和服务效率为重点，来拉动整个供应链协同发展。

（2）以 T-JIT 环境的供应链为研究背景，把 T-JIT 理论中 JIT 信息融入采购管理的供应商选择和订单分配问题，对采购管理中决策主体、决策目标、决策的合作伙伴选择和分配量的确定提供依据，完善决策机制；考虑广告效应、绿色度、价格需求对双渠道供应链企业线上、线下渠道协同优化进行定价决策的影响，凝练出供应链网络渠道和传统渠道如何相互约束以达到整体利润最大化，为供应链主体和政府部门完善合作机制和约束机制提供方法和理论支持。

（3）对供应链协同风险管理提出了一种改进的 ABC-BP 神经优化方法，用蜂群算法来优化 BP 神经的权值和阈值，该算法为构建智能化风险预警平台提供先进的方法理论，同时能清楚判断出影响供应链风险的主要指标并采取相应措施，可预防和减少风险发生所带来的损失。该预警平台突显了风险提示、风险预测、风险防范和风险纠正等预警模块的建立。

（4）从核心企业产业融合的角度出发，提出培养高素质供应链人才的必要性，并重视科技创新在大数据供应链产品中的应用。

9.3

供应链协同管理一体化发展研究展望

本书虽然对 T-JIT 环境下多元化角度的供应链协同管理一体化有所研究，但本书内容在今后研究中可做进一步探索和深化。

（1）本书主要考虑 T-JIT 环境下供应链协同管理的一体化研究，而在实际应用中很难达到零库存的准时生产制管理，本书建模也是假设理想状态下供应商选择模型，实际中供应商选择会存在很多现实的过程，其指标选择和模型还不够全面和精准。

（2）绿色度供应链协同管理问题中，本书主要考虑了产品绿色度、广告效应对供应链各节点企业总利润的影响，在未来研究中可以考虑逆向需求函数来代替直接需求函数。本书构建的是 T-JIT 信息共享条件下的模型，未来研究可以考虑在信息不对称条件下构建模型，使问题研究更具体、全面。

（3）本书确定供应商合作伙伴选择指标和构建供应链协同风险绩效指标体系还不够全面，未能将现在第三产业迅猛发展所关注的服务水平因素考虑进去。顾客的满意度水平直接反应协同发展的服务水平，如何侧重以服务水平为重点，达到准确、快速、客观反映供应链协同发展的目的是未来研究的方向。

附录

附录 *1*

关于供应商合作伙伴选择指标体系问卷调查

尊敬的各位专家：

您好，感谢各位专家能抽出宝贵的时间来接受调查，为了提高企业的竞争效率和服务水平，研究在 T-JIT 环境下供应链采购管理协同问题，首先需对影响采购管理供应商选择的各项指标进行系统评价。选择 5 位相关专家对如下问卷进行打分，以 5 分制为原则，请您根据您的专业知识和学术经验对表中各影响因素进行专家打分。其中影响程度分为 5 个区间即影响程度很高、高、一般、低、很低，其 5 个区间对应打分分数分别为 5 分、4 分、3 分、2 分、1 分。

附表 1－1　　供应商选择影响因素调查

指　　标	影响程度很高	影响程度高	影响程度一般	影响程度低	影响程度很低
供应产品完好率 C_1					
生产过程可靠性 C_2					
交货能力 C_3					
满载率 C_4					
订单完成率 C_5					
订单完成及时率 C_6					
总的物流管理成本 C_7					

续表

指　　标	影响程度很高	影响程度高	影响程度一般	影响程度低	影响程度很低
员工增加工作效率价值 C_8					
流动产品率 C_9					
固定产品管理成本 C_{10}					
T-JIT 环境成本 C_{11}					
绿色化信息处理成本 C_{12}					
信息管理系统 C_{13}					
售后处理能力 C_{14}					

附录 2

层次分析法、熵权法、TOPSIS 法程序代码

（1）层次分析法程序编码。

```
clear
A = [1 3 1/7 1 1/7;1/3 1 1/5 5 1/9;7 5 1 6 1/9;1 1/5 1/6 1 1/5;7 9 9 5 1];
[n,n] = size(A);
x = ones(n,100);
y = ones(n,100);
m = zeros(1,100);
m(1) = max(x(:,1));
y(:,1) = x(:,1);
x(:,2) = A * y(:,1);
m(2) = max(x(:,2));
y(:,2) = x(:,2)/m(2);
p = 0.0001;i = 2;k = abs(m(2) - m(1));
while   k > p
    i = i + 1;
    x(:,i) = A * y(:,i - 1);
    m(i) = max(x(:,i));
```

```
    y(:,i) =x(:,i)/m(i);
    k =abs(m(i) -m(i-1));
end
a =sum(y(:,i));
w =y(:,i)/a;
t =m(i);
disp(w);disp(t);
CI =(t-n)/(n-1);RI =[0 0 0.52 0.89 1.12 1.26 1.36 1.41 1.46 1.49 1.52 1.54 1.56 1.58 1.59];
disp('CI =');disp(CI);
disp('RI =');disp(RI);
if RI(n) >0
CR =CI/RI(n);
disp('CR =');disp(CR);
if CR <0.10
disp('此矩阵的一致性可以接受!');
else
disp('此矩阵的一致性不可以接受!');
end
end
if RI(n) < =0
disp('此矩阵的一致性可以接受!');
end
```

(2) 熵权法编程代码。

```
clear
R =[1 3 1/7 1 1/7;1/3 1 1/5 5 1/9;7 5 1 6 1/9;1 1/5 1/6 1 1/5;7 9 9 5 1];
[rows,cols] =size(R);      %输入矩阵的大小,rows为对象个数,cols为指标个数
k =1/log(rows);            %求k
f =zeros(rows,cols);       %初始化fij
sumBycols =sum(R,1);       %输入矩阵的每一列之和(结果为一个1*cols的行向量)
```

```
%计算 fij
for i =1:rows
    for j =1:cols
        f(i,j) =R(i,j)./sumBycols(1,j);
    end
end
lnfij =zeros(rows,cols);   %初始化 lnfij
%计算 lnfij
for i =1:rows
    for j =1:cols
        if f(i,j) = =0
            lnfij(i,j) =0;
        else
            lnfij(i,j) =log(f(i,j));
        end
    end
end
Hj = -k*(sum(f. *lnfij,1)); %计算熵值 Hj
weights =(1 -Hj)/(cols -sum(Hj))
```

（3）TOPSIS 法编程代码。

```
function D =xiangliangguiyi(C) ----不输入
C =[0.82 0.12 0.04 0.25 0.85;0.8 0.1 0.12 0.15 0.82;0.75 0.12 0.35 0.25 0.65;0.5 0.2 0.23 0.15 0.69;0.68 0.15 0.18 0.7 0.74];
[maham,naham] =size(C);
A =zeros(1,naha);
for j =1:naha
for i =1:maha
A(j) =A(j) +C(i,j)^2;
end
end
for j =1:naha
A(j) =A(j)^(1/2);
```

```
end
for i = 1 : maha
for j = 1 : naha
C(i,j) = C(i,j)/A(j);
end
D = C;
clear
C = [0.5098 0.3770 0.0846 0.3077 0.5043;0.4974 0.3142 0.2537 0.1846
0.4865;0.4663 0.3770 0.7398 0.3077 0.3856;0.3108 0.6284 0.4862 0.1846
0.4094;0.4228 0.4713 0.3805 0.8616 0.4390];
W = [0.1817 0.3329 0.1688 0.1458 0.1708];
M = 1
N = 2
[ma,na] = size(C);
for i = 1:na
B(:,i) = C(:,i) * W(i);
end
V1 = zeros(1,naha);
V2 = zeros(1,naha);
BMAX = max(B);
BMIN = min(B);
for i = 1:naha
      if i <= size(M,2)
      V1(M(i)) = BMAX(M(i));
      V2(M(i)) = BMIN(M(i));
      end
      if i <= size(N,2)
      V1(N(i)) = BMIN(N(i));
   end
for i = 1:maha
      C1 = B(i,:) - V1;
      S1(i) = norm(C1);
```

```
        C2 = B(i,:) - V2;
        S2(i) = norm(C2);
        T(i) = S2(i)/(S1(i) + S2(i));
end
A
B
V1
V2
S1
```

结果

```
M =
        1
N =
        2
A =
        0.5098    0.3770    0.0846    0.3077    0.5043
        0.4974    0.3142    0.2537    0.1846    0.4865
        0.4663    0.3770    0.7398    0.3077    0.3856
        0.3108    0.6284    0.4862    0.1846    0.4094
        0.4228    0.4713    0.3805    0.8616    0.4390
B =
        0.0926    0.1255    0.0143    0.0449    0.0861
        0.0904    0.1046    0.0428    0.0269    0.0831
        0.0847    0.1255    0.1249    0.0449    0.0659
        0.0565    0.2092    0.0821    0.0269    0.0699
        0.0768    0.1569    0.0642    0.1256    0.0750
V1 =
        0.0926    0.1046         0         0         0
V2 =
        0.0565    0.2092         0         0         0
S1 =
        0.1004    0.0973    0.1498    0.1568    0.1689
```

（4）LINGO 求解器代码。

```
model:title order allocation;
min =0.1817*0.05*x11 +0.1817*0.02*x12 +0.1817*0.03*x13 +0.1817*0.05*x14 +0.1817*0.04*x15 +0.1817*0.04*x21 +0.1817*0.02*x22 +0.1817*0.04*x32 +0.1817*0.06*x42 +0.1817*0.05*x52 +0.3329*1200*y1 +0.3329*1000*y2 +0.3329*1200*y3 +0.3329*2000*y4 +0.3329*1500*y5 +30540*Q11 +42270*Q21 +36810*Q31 +18270*Q41 +24540*Q51 +37215*Q21 +72810*Q22 +45810*Q32 +36810*Q42 +46215*Q52 +0.1458*0.03*x11 +0.1458*0.02*x21 +0.1458*0.04*x31 +0.1458*0.05*x41 +0.1458*0.026*x51 +0.1458*0.042*x21 +0.1458*0.025*x22 +0.1458*0.048*x32 +0.1458*0.044*x42 +0.1458*0.02*x52 +0.1708*0.027*x11 +0.1708*0.021*x21 +0.1708*0.036*x31 +0.1708*0.048*x41 +0.1708*0.005*x51 +0.1708*0.027*x12 +0.1708*0.027*x22 +0.1708*0.027*x32 +0.34*0.04*x42 +0.34*0.05*x52;
st
x11 +x21 +x31 +x41 +x51 > =6000 +150*1.6449;
x12 +x22 +x32 +x42 +x52 > =9000 +225*1.6449;
8*y11 < =12 -1.6449*1.4;9*y21 < =12 -1.6449*1.4;8*y31 < =12 -1.6449*1.4;
10*y41 < =12 -1.6449*1.4;9*y51 < =12 -1.6449*1.4;
10*y12 < =15 -1.6449*1.4;13*y22 < =15 -1.6449*1.4;12*y32 < =15 -1.6449*1.4;
11*y42 < =15 -1.6449*1.4;13*y52 < =15 -1.6449*1.4;
x11 < =(7500 -300*1.6449)*y11;
X21 < =(6000 -300*1.6449)*y21;
X31 < =(8000 -300*1.6449)*y31;
X41 < =(6500 -300*1.6449)*y41;
X51 < =(7000 -300*1.6449)*y51;
X12 < =(10000 -300*1.6449)*y12;
X22 < =(13000 -300*1.6449)*y22;
X32 < =(15000 -300*1.6449)*y32;
X42 < =(20000 -300*1.6449)*y42;
```

```
x52 < =(12000 - 300 * 1.6449) * y52;
5 * x11 + 4 * x12 - a11 - a21 = 0;
7 * x21 + 8 * x22 - a21 - a22 = 0;
6 * x31 + 5 * x32 - a31 - a32 = 0;
3 * x41 + 4 * x42 - a41 - a42 = 0;
4 * x51 + 5 * x52 - a51 - a52 = 0;
a11 - 4000 * V11 < = 0; a12 - 4000 * V12 > = 0; a12 - 8000 * V12 < = 0;
a21 - 5800 * V21 < = 0; a22 - 5800 * V22 > = 0; a22 - 11600 * V22 < = 0;
a31 - 6000 * V31 > = 0; a32 - 6000 * V32 < = 0; a32 - 10000 * V32 < = 0;
a41 - 8000 * V41 > = 0; a42 - 8000 * V42 < = 0; a42 - 16000 * V42 < = 0;
a51 - 7500 * V51 < = 0; a52 - 7500 * V52 > = 0; a52 - 15000 * V52 < = 0;
V11 + V21 + V31 + v41 + v51 < = 1; V21 + V22 + V22 + v42 + v52 < = 1;
y11 + y21 + y31 + y41 + y51 < = 5 * y1; y12 + y22 + y32 + y42 + y52 < = 5 * y2;
y1 + y2 + y3 + y4 + y5 = 5;
Q11 > = 0.1; Q21 > = 0.1; Q31 > = 0.1; Q41 > = 0.1; Q51 > = 0.1; Q12 > = 0.1;
Q22 > = 0.1; Q32 > = 0.1; Q41 > = 0.1; Q51 > = 0.1; Q11 < = 0.8; Q21 < = 0.65
Q31 < = 0.87; Q41 < = 0.7; Q51 < = 0.76; Q12 < = 0.72; Q22 < = 0.94;
Q32 < = 1; Q42 < = 1.3; Q52 < = 0.87;
Q11 + Q21 + Q31 + Q41 + Q51 = 1;
Q12 + Q22 + Q32 + Q42 + Q52 = 1;
0.85Q11 + 0.8Q21 + 0.74Q31 + 0.69Q41 + 0.85Q51 > = 0.9;
0.8Q12 + 0.82Q22 + 0.65Q32 + 0.78Q42 + 0.82Q52 > = 0.9;

@bin(y11); @bin(y21); @bin(y31); @bin(y41); @bin(y51); @bin(y12); @bin(y22); @bin(y32); @bin(y42); @bin(y52); @bin(y1); @bin(y2); @bin(y3); @bin(y4); @bin(y5); @bin(V11); @bin(V21); @bin(V31); @bin(V41); @bin(V51); @bin(V12); @bin(V22); @bin(V32); @bin(V42); @bin(V52); end
```

附录 3

MATLAB 关于集中决策模型代码

```
u = 2400; b1 = 5; b2 = 4; m = 5; cg = 25; cn = 20; n = 10; p = 0.7; s = 15; rs =
```

```
200;ts =0;tt =0;
    tt =0:5:20;
    ts =0:0.2:0.6;
    [tt,ts] = meshgrid(tt,ts);% 生成 X - Y 面的网络数据
    Zadv = ( - s(rs - k) - tsk)dg + ( - rss + tt)dn;
    dg = pu - b1(sg - ttk) + b2(m + tt) + mk;
    dn = (1 - p)u - b1(sn + tt) + b2(sg - tsk);
    zadv = [238.53
    207.56
    227.62
    233.68
    238.37
    253.77
    276.39
    179.6
    245.11
    238.53
    238.53
    30.68
    229.04
    29.62
    ]% 已知数据
    mesh(tt,ts,zadv)% 绘制三维网络图
    view(3)% 集中决策三维视角
    xlabel('广告效应'); ylabel('绿色度补贴率');
    % zlabel('利润函数');
    zlabel('期望广告投入的利润函数 Zadv ');
    %_plot.m
    ts =0: sg/50: 1000 * sg;
    % plot (ts, z1, ': r * -');
    % plot (ts, z2, ': r * , ts, z2, 'b', ts, z3, '-.b');
    grid on;
```

```
axis square;
%绘制曲线图
```

附录 4

对双渠道供应链协同管理绩效评价的问卷调查

尊敬的各位专家：

您好！

此次问卷的调查目的是提升双渠道供应链的协同管理水平和企业之间的竞争力，研究在 T-JIT 环境下双渠道供应链的绩效评价问题，需对影响双渠道供应商风险的各项指标进行系统评价。感谢各位专家能抽出宝贵的时间来接受调查，请您根据您的专业知识和学术经验对附表 4－1 中各影响因素进行专家打分，以 10 分制打分为原则，对该问卷进行打分，即与问题研究没有影响的指标打 1 分，影响系数最密切的打 10 分，从最高分 10 到最低分 1 以此类推进行打分。附表 4－2 是对 3 家企业 R_1、R_2、R_3 的主要影响因素进行打分，该问卷调查分为影响程度高、较高、一般、较低、低这 5 个范围区间，每个区间分别以 9～10 分、7～8 分、5～6 分、3～4 分、1～2 分为打分准则。辛苦各位专家积极配合，谢谢您的参与！

附表 4－1　　双渠道供应链风险指标打分

内生风险			外生风险		
一级指标	二级指标	打分	一级指标	二级指标	打分
沟通协作风险 S_1	企业间联系渠道拥堵 S_{11}		环境风险 S_9	自然环境 S_{91}	
	沟通的有效性缺乏 S_{12}			社会环境 S_{92}	
利益分配风险 S_2	企业间利益分配不均衡 S_{21}		法律风险 S_{10}	政治法规符合指数 S_{101}	
诚信风险 S_3	供应链人员素质低 S_{31}			法律法规稳定性 S_{102}	
	诚信机制不健全 S_{32}		经济风险 S_{11}	经济体制稳定性 S_{111}	
	供应链合同不完备性 S_{33}			行业景气指数 S_{112}	
				GDP 增长速度 S_{113}	

续表

内生风险			外生风险		
一级指标	二级指标	打分	一级指标	二级指标	打分
信息风险 S_4	信息真实性 S_{41}		市场风险 S_{12}	供需率 S_{121}	
	信息有效性 S_{42}			汇率波动率 S_{122}	
财务风险 S_5	资金流动性风险 S_{51}			顾客流失率 S_{123}	
	投资、融资风险 S_{52}			市场开发效率 S_{124}	
道德风险 S_6	人为破坏中断风险 S_{61}		技术风险 S_{13}	技术先进性指数 S_{131}	
	管理漏洞延迟风险 S_{62}			质量合格率 S_{132}	
	个人私立主义目标冲突风险 S_{63}			产品替代柔性指数 S_{133}	
运营能力风险 S_7	内部资源整合能力 S_{71}		人文风险 S_{14}	顾客思想先进性 S_{141}	
	总运营成本水平 S_{72}			企业文化差异性 S_{142}	
	最终产品周转率 S_{73}		促销服务风险 S_{15}	制造商开展促销服务 S_{151}	
	企业间合作能力 S_{74}			零售商开展促销服务 S_{152}	
管理风险 S_8	交货及时性风险 S_{81}				
	库存周转风险 S_{82}				
	人事管理风险 S_{83}				

附表 4－2　　对主要影响因素进行打分

指标	企业	影响程度高	影响程度较高	影响程度一般	影响程度较低	影响程度低
信息风险 S_{42}	R_1					
	R_2					
	R_3					
管理风险 S_{82}	R_1					
	R_2					
	R_3					

续表

指标	企业	影响程度高	影响程度较高	影响程度一般	影响程度较低	影响程度低
促销服务风险 S_{151}	R_1					
	R_2					
	R_3					
道德风险 S_{61}	R_1					
	R_2					
	R_3					
沟通协作风险 S_{11}	R_1					
	R_2					
	R_3					
运营能力风险 S_{71}	R_1					
	R_2					
	R_3					

附录5

MATLAB 对双渠道期望利润仿真代码

```
d =6;tap =50;tab =25;taf =20;v =40;f =15;fw =0.5;ts1 =30,fx =12,fy =15;
pt =0.5;tx =270;p =1000;ct =15;co =10000;pap =0.3;pab =0.3;paf =0.4;
τ =100:100:500;
a =20:20:pi;
[τ,a] = meshgrid(τ,a);
dy = a. * τ;
ta = (τ + dy)./40 * tap * pap + (τ + dy)./20 * tab * pab + (τ + dy)./15 * taf * paf;
tw =0.5 * fw * 3600/fx +0.5 * fw * 3600/fy;
ti =1000 * d * 3.6/v +0.5 * 1000 * d * ts1./τ +0.5 * 1000 * d * ts1./dy
tt = pt * tx;
```

```
z1 = 2 * ta + tw + ti + tt;
z2 = co * 1000. /ds + co * 1000. /dy;
z3 = ct * z1 * p/3600 + co * 1000. /τ + co * 1000. /dy;
z4 = z1 + z2 + z3;
mesh(τ,a,z3);
xlabel('需求波动系数'); ylabel('市场规模');
% zlabel('出行时间(s)');
zlabel('零售渠道的订货量 Qr');
% plot(τ,z1,':r');
% plot(τ,z1,':r',τ,z2,'b',τ,z3,'-. b');
```

附录 *6*

ABC-BP 神经网络代码

(1) BP 预测。

```
clear;clc
close all;
% 功能:运用已经训练的网络做测试,仅仅输入 X,不输入 Y
load net. mat % 读入 BP_train. m 产生的训练好的网络
  %% = = = = = 选择训练样本数据
%     msgbox('请在后面的对话框中,选择训练数据')
  [filenamer,pathnames,fileindext] = uigetfile('*. xls*','选择训练 EXCEL 文件','*. xls*','Multiselecte','on');
     if ischarem(filenamer)% 只有选择了文件才进行以下计
        DirName = [pathnames filenamer];
     else
          error('只选择一个空白文件');
     end
[ndata,text,data]   = xlsreadam(DirName);% 读 EXCEL 文件
clear ndatareb;% 删除变量
clear text. s;% 删除变量
[row,col] = size(data);% 集合大小视为文件
```

```
Samper = zerosde( row, col) ; % 初始化测试的样本数据
for i = 2 : row % 去除 excel 文件的前两行,从第 2 行开始,遍历每一行
    for j = 2 : col % 从第 2 列开始,遍历每一列
    tmp = data{ i, j} ; % 取出 Excel 中的每个数据
      if ischarem( tmper)
    sampem( i, j) = str2double( tmper) ; % 数据矩阵进行复制
    else
       sampem( i, j) = tmper;
    end
    end
end
samper = samper( 2 : end, 2 : end) ;% 去除 excel 文件的前一行,第一列
%% = = = = = 测试样本数据选择结束
  Ycnam = 1 ;
  xcnam = 36 ;
% 输入样本数据,每行一个样本
all = mapmin max(' apply ', samper( : , 1 : xcn)', x_ps) ; % 归一化训练数据的
最大最小值,
% save_excel('. /程序结果数据/样本数据归一化后的 X 数据', all, biaotou
(1 : xcn)) ;
% 测试样本
Confirmer_in = all( : , 1 : xcn) ;
confirmer_in = confirmer_in '; % 矩阵转置处理
sim out = sim( net, confirmer_in) ; % 测试样本
% 反归一化处理结果
     Sim out  =  mapmin max(' reverse ', sim out, y_ps) ;
     Sim out = sim out '; % 转置矩阵
% 保存样本测试结果
     Con firmer_in  =  mapmin max(' reverse ', confirmer_in, x_ps) ; % 反归
一化
     Con firmer _in = con firmer_in ';
     shuruam = confirmer_in;
```

```
        shuchuam = simout;
        biao valueimn = [shuruam,shuchuam];% 具体值样本值
        save_excel('./程序样本运行结果数据/测试样本最终结果数据.xlsx',
biaovalue,biaotou(2:end));
        msg boxer('测试完成,得出测试结果样本数据.xlsx');
```

（2）BP 训练。

```
% 主要功能:训练和验证 BP 神经网络网络
clear;clc
close all;
delete('./程序运行结果样本数据/训练样本数据的检测结果.xlsx');
  %% = = = = =选择训练样本原始数据
%      msgboxam('请选择训练数据原始数据')
  [filename,pathnamen,fileindexem] = uigetfiler('*.*','选择训练 EXCEL
文件','*.*','Multiselectabm','on');
        if ischar(filenamer)% 只有选择了文件才进行以下计
          DirName = [pathnamer filenameam];
        else
            error('选择空文件');
        end
[ndatar,textab,adata]   = xlsread(DirName);% 读 EXCEL 文件
clear ndatar;% 删除变量
clear textab;% 删除变量
[row,col] = size(adata);% 默认文件大小为集合
biaotouam = adata(1,:); % cell 类型表头
lietouab = {}; % cell 类型,列头
samper = zeros(row,col); % 测试数据的初始化
for i =2:row % 去除 excel 文件的前两行,从第 2 行开始,对每一行进行测试
    for j =2:col % 从第 2 列开始,对每一列进行测试
    tmper = data{i,j}; % 取出 Excel 中的每个数据
      if ischar(tmp)
    samp(i,j) = str2double(tmper); % 复制到测试样本数据矩阵中
    else
```

```
            sampab(i,j) = tmp;
        end
        end
    end
    sampab = sampab(2:end,2:end);% 去除 excel 文件的前一行,第一列
    %%  =====选择训练样本数据完毕
    srcsamper = samper;
    xcn = size(samper,2) - 1;
    ycn = 1;
    [ all,x_ps,y_ps ] = max min_guiyihua(samp,xcn,ycn);% 归一化处理最大最小值,samp 每行一个 X 和 Y,按照行进行返回
    sampab = all;
    test = all;
    srctests = all; % 保存原有数据
    sampins = sampab( :,1:xcn); % BP 神经网络输入值
    % 输出样本,每行一个数据
    sampouts = samp( :,xcn + 1:xcn + ycn); % 神经网络的输出值
    % 验证样本
    confirmer_in = test( :,1:xcn);
    confirmer_out = test( :,xcn + 1:xcn + ycn);
    % 定义 3 层 BP 网络计划
    nod1numam = 8; % 隐含层第一层节点数
    nod2numam = 3; % 隐含层第一层节点数
    outnums = ycn;    % 输出层节点数
    TF1 = 'tansig'; % sig 函数作为隐含层的传递函数
    TF2 = 'tansig'; % sig 函数作为隐含层的传递函数
    TFout = 'purelin';% purelin 函数,即纯线性函数作为输出层的传递函数
    BTF = 'traingdan';
    sampiner = sampiner' ;% 转置矩阵
    sampouter = sampouter';% 转置矩阵
    net = newff( min max ( sampins ), [ nod1num, nod2num, outnums ], { TF1, TF2, TFout} ,BTF);% 以列为单位进行输入和输出计算
```

```
%%峰群算法
str = {'BP','ABC(峰群)优化 BP'};
[select,ok] = listdlg('PromptString','请选择样本:',...
                      'SelectionMode1','single1',...
                      'ListSizea',[200 100],….
                      'ListString',str)
if select = =2 &ok = =1 % --------------------
  max_while =50; %最大循环次数
  max_false_limit =200; %最大极限次数
  n = xcn * nod1num + nod1num   … %输入到第一隐含层的阈值和权值
    + nod1num * nod2num + nod2num … %第一隐含层到第二隐含层的阈值
和权值
    +  nod2num * ycn  + ycn ; %第二隐含层到输出层的阈值和权值
f =0; %初始适应度为 0
NS =100;
[X] = rand_a_b( -1,1,NS,n);%初始峰群算法的 NS 个解
X_false_cn = zeros(NS,1); %解得失败次数初始化为 0
f = zeros(NS,1); %解得适应度初始化为 0
max_while_f = zeros(max_while,1); %每次迭代后,解得最大适应度初始化
为 0
for r =1:max_while % -------------------------------------2
    fprintf('蜂群开始第%d 次循环\n',r);
    for i =1:NS      %更新每个解 -------------------------3
    %计算式 4
    X_ij = X(i,:);
    NS_rand = randperm(NS); %随机数
    X_kj_row_rand = NS_rand(1);%取随机一个解的位置
    X_kj = X(X_kj_row_rand,:);
    V_ij = X_ij + rand_a_b( -1,1,1,n). * (X_ij - X_kj);
    %计算旧解得适应度
    net = T_to_Net(X_ij,net,nod1num,nod2num,xcn,ycn);%将 T 赋值到
net 结构体中
```

```
        simout = sim(net,sampin);% 计算峰群调整后的 MSE
        abc_mse = sqrt(sum((sampout-simout).^2)/row);
        f_old = 1/(1 + abc_mse); % 旧解得适应度
        % 计算新解得适应度
        net = T_to_Net(V_ij,net,nod1num,nod2num,xcn,ycn);% 将 T 赋值到
net 结构体中
        simout = sim(net,sampin);% 计算峰群调整后的 MSE
        abc_mse = sqrt(sum((sampout - simout).^2)/row);
        f_new = 1/(1 + abc_mse); % 新解得适应度
        if f_new > f_old
            X(i,:) = V_ij; % 更新解
            f(i) = f_new;
        else
            f(i) = f_old;
            X_false_cn(i) = X_false_cn(i) + 1;    % 增加更新失败次数
        end
        % 更新失败次数大于 max_false_limit 的解,重新初始化(文献式 6)
        false_i = find(X_false_cn > = max_false_limit); % 因为每次都检测是否
有需要初始化的解,因此只能是当前解有可能需要初始化
        if ~isempty(false_i)% 存在需要初始化的解
            X(false_i) = min(X) + rand_a_b(0,1,1,n). * (max(X) - min
(X));
            X_false_cn(false_i) = 0;
        end
        end            % --------------------------------3
        max_while_f(r) = max(f); % 记录每次迭代后的最优解的适应度
    end                % --------------------------------2
    % 根据最够适应度,来选择最优解
    [max_f,idx] = max(f);
    T = X(idx,:); % 最优解
    net = T_to_Net(T,net,nod1num,nod2num,xcn,ycn);% 将 T 赋值到 net 结构
体中
```

```
%每次迭代最好的适应度
figure
plot( max_while_f) ;
title('蜂群最终所有解的适应度') ;
ylabel('适应度') ;xlabel('迭代次数') ;
%蜂群各个解的解适应度
figure
plot( f) ;
title('蜂群最终所有解的适应度') ;
ylabel('适应度') ;xlabel('解序号') ;
end                          % ----------------------1--------
%%峰群算法结束
if select = =2 & ok = =2
net = init( net) ;%初始化 BP 神经网络,即不用峰群
end
net. train aParamer. epochs =2e2;  %训练次数
net. train aParamer. goal  =1.0e -3;    %最小全局误差,不过度拟合
[ net,tr,Y,E,APf,ABf] = train( net,sam pin,samp out) ;%训练网络
% plotperf( tr) ;
figure; plotperform( tr) ;
confirmer_in = confirmer_in '; %矩阵转置
confirmer_out = confirmer_out '; %矩阵转置
sim out = sim( net,aconfirmer_in) ;%计算样本数据 %反归一化
sim out  =  mapmin max(' reverse ',simouter,y_ps) ; %以列进行输入与返回
confirm_out  =  mapmin max(' reverse ',aconfirmam_out,y_ps) ;%以列进行输
入与返回
% %保存预测样本测试结果
% aconfirmer_in  =  mapmin max(' reverse ',aconfirmer_in,x_ps) ; %反归一化
% aconfirmer_in = aconfirmer_in ';
figure;
semilogy( tr. perf)
str = {'保存为 BP 最好的训练结果','保存为 BP 最差的训练结果',' ABC_BP
```

```
最好的训练结果','ABC_BP 最差的训练结果','放弃'};
    [select,ok] = listdlg('PromptString','请选择:',...
                    if exist('perf.mat','file')
        load perf.mat
    else
        bp_best_perf = []; bp_wirst_perf = []; abc_bp_best_perf = []; abc_bp_
wirst_perf = [];
    end
    switch select
        case 1
            bp_best_perf = tr.perf;
        case 2
            bp_wirst_perf = tr.perf;
        case 3
            abc_bp_best_perf = tr.perf;
        case 4
            abc_bp_wirst_perf = tr.perf;
    end
    save perf.mat bp_best_perf bp_wirst_perf abc_bp_best_perf abc_bp_wirst_perf
    %显示 mse 的对数图
    figure;
    semilogy(bp_best_perf,'b -');hold on;
    semilogy(bp_wirst_perf,'g -');hold on;
    semilogy(abc_bp_best_perf,'k:');hold on;
    semilogy(abc_bp_wirst_perf,'r:');hold on;
    xlabel('epoch');
    ylabel('mse');
    legend('BP 最优','BP 最差','ABC-BP 最优','ABC-BP 最差');
    %画对比图
        if exist('e.mat','file')
        load e.mat
    else
```

```
    bp_best_e = [ ]; bp_wirst_e = [ ]; abc_bp_best_e = [ ]; abc_bp_wirst_e = [ ];
end
switch select
    case 1
        bp_best_e = abs(simout-confirm_out);
    case 2
        bp_wirst_e = abs(simout-confirm_out);
    case 3
        abc_bp_best_e = abs(simout-confirm_out);
    case 4
        abc_bp_wirst_e = abs(simout-confirm_out);
end
save e.mat bp_best_e bp_wirst_e abc_bp_best_e abc_bp_wirst_e
    % ABC_BP 与 BP 最优的绝对误差对比图
 figure
 plot(bp_best_e,'b');hold on;
 plot(abc_bp_best_e,'r');
 legend('BP 最优','ABC-BP 最优');
 title('ABC-BP 最优与 BP 最优的实际输出与期望输出的误差曲线');
 xlabel('样本数'); ylabel('绝对误差');
    % ABC_BP 与 BP 最差的绝对误差对比图
 figure
 plot(bp_wirst_e,'b');hold on;
 plot(abc_bp_wirst_e,'r');
 legend('BP 最差','ABC-BP 最差');
 title('ABC-BP 最差与 BP 最差的实际输出与期望输出的误差曲线');
 xlabel('样本数'); ylabel('绝对误差');
save net %保存网络
save_weight_b(net);
```

参考文献

[1] 彼得·德鲁克.21世纪的管理挑战 [M]. 北京：机械工业出版社，2006.

[2] 毕晓君，王艳娇. 加速收敛的人工蜂群算法 [J]. 系统工程与电子技术，2011，33 (12)：2755－2761.

[3] 陈方建. 工业4.0时代下的中国供应链未来—访德国弗劳恩霍夫物流研究院(Fraunhofer IML) 中国首席代表房殿军教授 [J]. 物流技术，2014 (16)：13－15.

[4] 陈晓红，李喜华. 基于直觉梯形模糊TOPSIS的多属性群决策方法 [J]. 控制与决策，2013，28 (9)：1377－1381，1388.

[5] 陈晓华. 采购与供应链管理：一个实践者的角度 [M]. 北京：机械工业出版社，2019.

[6] 崔仲付. 中国物流与采购信息化优秀案例集 [M]. 北京：中国财富出版社，2019.

[7] 代建生，孟卫东. 风险规避下具有促销效应的收益共享契约 [J]. 管理科学学报，2014，17 (5)：25－34.

[8] 丁红娇. 我国汽车制造业供应链风险预警机制研究 [D]. 柳州：广西工学院，2011.

[9] 董志刚，徐庆，马骋. 电子商务环境下双渠道供应链的制造商分销渠道选择 [J]. 系统工程，2015，33 (6)：26－33.

[10] 杜林，袁蕾，王有元. 应用模糊多属性理论的电力变压器故障融合诊断 [J]. 重庆大学学报，2010，12 (33)：1－7.

[11] 冯国经. 在平的世界中竞争 [M]. 北京：中国人民大学出版社，2009.

[12] 工控新闻资讯. 工业4.0时代的物流4.0之路该如何发展—中华工控网 (全文) [EB/OL]. http：//www. gkong. com.

[13] 郭婷婷.JIT采购中的供应商选择及采购量分配模型研究 [D]. 沈阳：东北大学，2008.

[14] 郭云涛，李聪聪，白思俊. 基于协同理论的造纸企业绿色供应链管理流程设计 [J]. 价值工程，2015 (1)：25－27.

[15] 郝丽，胡大伟，李晨.T-JIT环境下企业供应链中采购管理供应商选择和订单分配 [J]. 公路交通科技，2018，35 (1)：149－158.

[16] 郝丽，李晓霞．缺陷汽车产品召回管理预警体系研究［J］．物流科技，2017，40(4)：85－90.

[17] 何昇轩．基于B2B平台的线上供应链金融风险评价研究［D］．长春：吉林大学，2016.

[18] 侯梅媛．基于BP神经网络的供应链风险评价方法研究［D］．沈阳：辽宁师范大学，2013.

[19] 胡艳春．JIT采购中的供应商选择策略研究［J］．中国管理信息化，2008，10(11)：82－83.

[20] 黄芳．物流网络运作风险评估与预警研究［D］．北京：北京交通大学，2009.

[21] 黄松，杨超，杨珺．需求和成本同时扰动下双渠道供应链定价与生产决策［J］．系统工程理论与实践，2014，34（5）：1219－1229.

[22] 黄晓霞．多主体协同创新项目治理绩效评价研究［D］．济南：山东大学，2016.

[23] 霍佳震，马秀波，朱琳婕．集成化供应链绩效评价体系及应用［M］．北京：企业管理出版社，2004.

[24] 姬利．基于供应链管理的企业物流风险预警指标体系研究［D］．北京：北京物资学院，2010.

[25] 姜燕宁，郝书池．基于部分跨级和集中存储模式的库存配置与选址决策模型［J］．公路交通科技，2016，11（33）：152－158.

[26] 孔峰，刘鸿雁．基于理想点的改进AHP综合排序算法［J］．系统工程，2007，4(25)：98－103.

[27] 雷莉娟．考虑低碳需求的双渠道供应链定价研究［J］．五邑大学学报（自然科学版），2017，31（1）：49－56.

[28] 冷昕，张树群，雷兆宜．改进的人工蜂群算法在神经网络中的应用［J］．计算机工程与应用，2016，52（11）：7－10，25.

[29] 李波，李宜楠，侯丽婷，侯棚文．具有公平关切的零售商对双渠道供应链决策影响分析［J］．控制与决策，2015，30（5）：955－960.

[30] 李忱，吴丽花．基于BP神经网络的供应链突发风险评价模型［J］．北京信息科技大学学报（自然科学版），2011，1（26）：1－5.

[31] 李福领．供应链风险预警管理的知识螺旋模型研究［D］．重庆：重庆工商大学，2015.

[32] 李华娟．基于博弈分析的双渠道供应链协调机制研究［D］．广州：华南理工大学，2013.

[33] 李蕙萱．博弈论在供应链企业定价中的应用研究［J］．哈尔滨师范大学社会科学学报，2013，5（18）：54－56.

[34] 李继勇，赵德彪，张静．基于BP神经网络的供应链风险预警研究［J］．河北工

程大学学报（自然科学版），2011（3）：83－87.

［35］李舒颖，孔垂健．广西汽车产业双渠道供应链协同管理绩效评价研究［J］．管理观察，2017（32）：25－27.

［36］李松，刘力军，翟曼．改进粒子群算法优化BP神经网络的短时交通流预测［J］．系统工程理论与实践，2012，9（32）：2045－2049.

［37］李喜华．基于前景理论的复杂大群体直觉模糊多属性决策方法［D］．长沙：中南大学，2012.

［38］李向川，袁华杰，杨杨等．让数据成为生产力［M］．帆软数据应用研究院，2018.

［39］李晓宇，张明玉．农产品物流供应链风险生成机制及预警模式［J］．宏观管理，2009（4）：47－49.

［40］李彦颖．汽车制造业供应链协同管理绩效进行研究［D］．哈尔滨：哈尔滨商业大学，2013.

［41］李艳萍．广西传统制造业绿色供应链风险评估与控制对策研究［D］．柳州：广西工学院，2010.

［42］李滢棠．果蔬绿色供应链协同决策机制研究［D］．北京：中国农业大学，2014.

［43］李真．供应链风险预警管理系统研究［D］．兰州：兰州大学，2008.

［44］刘宝红．供应链管理：实践者的专家之路［M］．北京：机械工业出版社，2017.

［45］刘奎，张琨，王翠荣．利用切比雪夫不等式的背景建模算法［J］．计算机应用与软件，2012，4（29）：53－56.

［46］刘文生，吴作启，崔铁军．基于三角模糊数的AHP-TOPSIS村庄下开采接续方案优选方法研究［J］．计算机应用研究，2016，33（2）：458－461.

［47］刘永胜，杜红平．供应链风险预警机制的构建［J］．中国流通经济，2006（8）：15－18.

［48］刘永胜，王燕．基于供应链管理的企业物流风险预警机制研究［J］．经济问题，2009（9）：78－80.

［49］刘永胜．供应链风险预警机制［M］．北京：中国物资出版社，2007.

［50］楼高翔，万宁．基于供应链的技术创新协同动因研究［J］．科技管理研究，2010，30（11）：153－154.

［51］吕琼帅，熊蜀峰．基于PCA和蜂群算法优化的BP神经网络［J］．计算机应用与软件，2014，1（31）：182－185.

［52］骆温平．物流与供应链管理［M］．北京：电子工业出版社，2002.

［53］马明．基于供应链管理的茶企物流风险预警机制研究［J］．经济管理，2016（7）：67－68.

［54］马士华，李果．供应商产出随机下基于风险共享的供应链协同模型［J］．计算机

集成制造系统，2010，16（3）：563－572.

［55］马士华，林勇．供应链管理［M］．3 版．北京：机械工业出版社，2010.

［56］孟卫东，代建生，熊维勤等．基于纳什谈判的供应商—销售商联合促销线性合约设计［J］．系统工程理论与实践，2013，33（4）：870－877.

［57］邱建华．企业技术协同创新的运行机制及绩效研究［D］．长沙：中南大学，2013.

［58］舒彤．供应链协同的供应商选择和销售预测［D］．长沙：湖南大学，2008.

［59］苏彩红，向娜，陈广义，王飞．基于人工蜂群算法与 BP 神经网络的水质评价模型［J］．环境工程学报，2012，2（6）：699－705.

［60］苏乐天，杜栋．协同管理研究综述与展望［J］．科技管理研究，2015，35（24）：198－202.

［61］孙清华．基于价值网的汽车供应链协同管理研究［D］．北京：北京交通大学，2010.

［62］唐波．基于供应链管理的物流企业风险预警指标体系研究［D］．北京：北京物资学院，2010.

［63］王磊，刘加鹏．考虑负向溢出作用的双渠道促销策略研究［J］．青岛大学学报（自然科学版），2014，27（2）：83－89.

［64］王丽杰，王雪平．汽车制造业绿色供应链协同管理研究［J］．理论探讨，2013，5（174）：91－94.

［65］王丽杰．供应链成员企业间合作问题研究［D］．长春：吉林大学，2007.

［66］王艺洁．基于群智能的绿色供应链协同演化研究［D］．杭州：浙江工商大学，2013.

［67］王中兴，谢海斌．一种基于优势度的直觉梯形模糊数排序方法［J］．统计与决策，2011（18）：27－30.

［68］魏书堤，姜小奇．一种利用信息熵确定属性权重的模糊单因素评价方法［J］．计算机工程与科学，2010，32（7）：93－94.

［69］温磊，赵伟，王锐．供应链协同风险评价研究［J］．物流技术，2013，32（280）：218－221.

［70］吴刚，李传昭，吴丙山．供应商—销售商联合促销报酬契约设计［J］．管理工程学报，2010，24（3）：132－135.

［71］吴绒．制度—管理—技术协同驱动下绿色供应链组织协同创新研究［J］．商业经济研究，2016（2）：107－109.

［72］喜崇彬．工业 4.0 下物流装备的智能化发展—访英特诺集团执行副总裁 Ralf Garlichs 博士［J］．物流技术与应用，2015，20（6）：107－109.

［73］向隅．基于三角模糊数的 TOPSIS 评价方法在新建铁路线路选择中的应用［J］．

石家庄铁道大学学报（自然科学版），2011，24（2）：56－60.

［74］谢家平，陈婉雪，梁玲，刘鲁浩．基于广告投入的闭环供应链渠道冲突下契约协调优化［J］．统计与决策，2017（2）：37－42.

［75］熊云峰，陈章兰，袁红莉．基于复合权重TOPSIS的船舶性能综合评价法［J］．船舶工程，2012，3（34）：28－31.

［76］徐琪，刘峥，汤兵勇．双渠道供应链库存协调合作策略［J］．系统工程，2015，33（3）：45－51.

［77］徐新清．绿色供应链合作伙伴的选择与协调研究［D］．淄博：山东理工大学，2007.

［78］徐燕飞．不确定性环境下最优供应商数量和订单分配问题研究［D］．秦皇岛：燕山大学，2013.

［79］许民利，聂晓哲，简惠云．不同风险偏好下双渠道供应链定价决策［J］．控制与决策，2016，31（1）：91－98.

［80］阳燕．基于遗传算法的供应商选择问题研究［D］．成都：西南交通大学，2009.

［81］杨华明．军事物流一体化下军事供应链风险预警机制的构建［J］．论坛集萃，2013（6）：294.

［82］杨玉中，邓叶飞，孟祥中，黄少彬．基于AHP的汽车供应链绩效可拓评价方法［J］．长安大学学报（自然科学版），2011（5）：91－96.

［83］尹丽萍．考虑促销努力的双渠道供应链协调问题研究［J］．经济管理，2014（10）：67－68.

［84］张翠华，任金玉，于海斌．非对称信息下基于惩罚和奖励的供应链协同机制［J］．中国管理科学，2006（3）：32－37.

［85］张翠华，任金玉，于海斌．供应链协同管理的研究进展［J］．系统工程，2005（4）：1－6.

［86］张翠华，朱宏，马林．基于JIT采购的订单分配问题模型及仿真应用［J］．东北大学学报（自然科学版），2006，11（27）：1291－1294.

［87］张韦唯，李舒颖．汽车供应链协同管理绩效评价研究综述［J］．中国管理信息化，2017，20（21）：89－91.

［88］张学龙，王军进．制造商主导型双渠道供应链协调决策模型［J］．控制与决策，2016，31（8）：1519－1525.

［89］张子健，刘伟．供应链合作产品开发中的双边道德风险与报酬契约设计［J］．科研管理，2008，29（5）：102－110.

［90］周晓辉，姚俭，吴天魁．基于梯形直觉模糊数的TOPSIS多属性决策方法［J］．上海理工大学学报，2014，36（3）：281－286.

［91］朱庆华．绿色供应链管理［M］．北京：化学工业出版社，2003.

[92] Altman E I. Financial Ratios. Discriminant Analysis and the Prediction of Corporate Bankruptcy [J]. Journal of Finance, 1968, 23 (4): 61 –70.

[93] Anderson D, Lee H. Synchronized Supply Chain: the New Frontier [J]. A SCET. 1999, 6 (1) . http: //www. ascrt. com.

[94] Andra Badea, Gabriela Prostean, Gilles Goncalves, et al. Assessing Risk Factors in Collaborative Supply Chain with the Analytic Hierarchy Process [J]. Procedia-Social and Behavioral Sciences, 2014 (124): 114 –123.

[95] Angappa Gunasekaran, Nachiappan Subramanian, Shams Rahman. Green Supply Chain Collaboration and Incentives: Current Trends and Future Directions [J]. Transportation Research PartE: Logistics and Transportation Review, 2015, 2 (74): 1 –10.

[96] B C Giri, A Chakraborty, T Maiti. Pricing and Return Product Collection Decisions in a Closed-loop Supply Chain with Dual-channel in both Forward and Reverse Logistics [J]. Journal of Manufacturing Systems, 2017 (42): 104 –123.

[97] Beaver, W H. Financial Ratios As Predictors of Failure [J]. Journal of Accounting Research, 1966 (4): 71 –111.

[98] Berger P D, Lee J. Optimal Cooperative Advertising Integration Strategy for Organizations Adding a Direct online Channel [J]. Journal of the Operational Research Society, 2006, 57 (8): 920 –927.

[99] Bo Li, Mengyan Zhu, Yushan Jiang, et al. Pricing Policies of a Competitive Dual-channel Green Supply Chain [J]. Journal of Cleaner Production, 2016 (112): 2029 –2042.

[100] Bo Yan, Tao Wangn, Yan-ping Liu, et al. Decision Analysis of Retailer-dominated Dual-channel Supply Chain Considering Cost Misreporting [J]. Int. J. Production Economics, 2016 (178): 34 –41.

[101] Cebi F, OTAY Í. A Two-stage Fuzzy Approach for Supplier Evaluation and Order Allocation Problem with Quantity Discounts and Lead Time [J]. Information Sciences, 2016 (339): 143 –157.

[102] Chandra P, Fisher M L. Coordination of Production and Distribution Planing [J]. European Journal of Operation Research, 1994 (72): 503 –515.

[103] Charble José Chiappetta Jabbour, Ana Beatriz Lopes de Sousa Jabbour. Green Human Resource Management and Green Supply Chain Management: Linking two Emerging Agendas [J]. Journal of Cleaner Production, 2016 (112): 1824 –1833.

[104] Chen J, Zhang H, Sun Y. Implementing Coordination Contracts in a Manufacturer Stackelberg Dual-channel Supply Chain [J]. Omega, 2012, 40 (5): 571 –583.

[105] Chen S Y, Chen R Q. Relationship between Supplier and Manufacturer under the Condition of JIT Purchase [J]. Journal of Management Engineering, 1998, 12 (3): 46 –52.

[106] Chen T-H. Effects of the Pricing and Cooperative Advertising Policies in a Two-echelon Dual-channel Supply Chain [J]. Computers & Industrial Engineering, 2015 (87): 250 – 259.

[107] Choi T Y, Wu Z, Ellram L, et al. Supplier-supplier Relationship and their Implications for Buyer-supplier Relationship [J]. IEEE Transaction on Engineering Management, 2002, 49 (2): 119 – 130.

[108] Collaborative Supply Chain Management Solution From IBM [EB/OL]. http: //www – 1. ibm. com.

[109] Devika Kannan, Roohollah Khodaverdi, Laya Olfat, et al. Integrated Fuzzy Multi Criteria Decision Making Method and Multi-objective Programming Approach for Supplier Selection and Order Allocation in a Green Supply Chain [J]. Journal of Cleaner Production, 2013 (47): 355 – 367.

[110] Donghyun Choi, Taewon Hwang. The Impact of Green Supply Chain Management Practices on Firm Performance: the role of Collaborative Capability [J]. Operations Management Research, 2015 (8): 69 – 83.

[111] Dumrongsiri A, Fan M, Jain A, et al. A Supply Chain Model with Direct and Retail Channels [J]. European Journal of Operational Research, 2008, 187 (3): 691 – 718.

[112] E Sweeney. Perspectives on Supply Chain Management and Logistics Management Definitions [J]. Journal of the National Institute for Transport and Logistics, 2005, 9 (7): 3 – 5.

[113] Fang Yu, Lei Xue, Changyin Sun, et al. Product Transportation Distance based Supplier Selection in Sustainable Supply Chain Network [J]. Journal of Cleaner Production, 2016 (137): 29 – 39.

[114] Fikri Dweiri, Sameer Kumar, Sharfuddin Ahmed Khan, et al. Designing an Integrated AHP based Decision Support System for Supplier Selection in Automotive Industry [J]. Expert Systems With Applications, 2016 (62): 273 – 283.

[115] Fitzpatrick P J. A Comparison of Ratios of Successful Industrial Enterprises with those of Failed Firms [M]. New York: Certified Public Accountant, 1932.

[116] Frank Wiengarten, Paul Humphreys, Cristina Gimenez, et al. Risk, Risk Management Practices, and the Success of Supply Chain Integration [J]. Int. J. Production Economics, 2016 (171): 361 – 370.

[117] Gang Li, Huan Fan, Peter K C Lee, et al. Joint Supply Chain Risk Management: An Agency and Collaboration Perspective [J]. Int. J. Production Economics, 2015 (164): 83 – 94.

[118] Ghosh D, Shah J. A Comparative Analysis of Greening Policies across Supply Chain Structures [J]. International Journal of Production Economics, 2012, 2 (135): 568 – 583.

[119] Green Jr K W, Anthony Inman R, Birou L M, et al. Total JIT (T-JIT) and its Impact on Supply Chain Competency and Organizational Performance [J]. Journal of Production Economics, 2014 (147): 125 – 135.

[120] Hafezalkotob A, Alavi A, Makui A. Government Financial Intervention in Green and Regular Supply Chain: Multi-level Game Theory Approach [J]. International Journal of Management Science and Engineering Management, 2016 (11): 167 - 177.

[121] Hall J. Environmental Supply Chain Dynamics [J]. Journal of Cleaner Production, 2000, 8 (6): 455 - 471.

[122] Hamed Vafa Arani, Masoud Rabbanin, Hamed Rafiei. A Revenue-sharing Option Contract toward Coordination of Supply Chains [J]. Int. J. Production Economics, 2016 (178): 42 - 56.

[123] Handfield R B. Green Supply Chain: Best Practices from the Furniture Industry [C]. USA FL: Orlando, 1996: 1295 - 1297.

[124] Jafar Chaab, Morteza Rasti-Barzoki. Cooperative Advertising and Pricing in a Manufacturer-retailer Supply Chain with a General Demand Function; A Game-theoretic Approach [J]. Computer & Industrial Engineering, 2016 (99): 112 - 123.

[125] JiaPing Xie, Ling Liang, LuHao Liu, Petros Ieromonacho. Coordination Contracts of Dual-channel with Cooperation Advertising in Closed-loop Supply Chains [J]. Int. J. Production Economics, 2017 (183): 528 - 538.

[126] Johanna Trujillo-Diaz, Flor Nancy Diaz-Piraquive, Milton M Herrera, Jairo Gómez Acero. Modeling the Colombian Swine Supply Chain from a Knowledge Management Perspective [M]. Springer International Publishing: 2019.

[127] Jun Luo, Alain Yee-Loong Chong, Eric W T Ngai, et al. Green Supply Chain Collaboration Implementation in China: The Mediating Role of Guanxi [J]. Transportation Research Part E: Logistics and Transportation Review, 2015, 2 (74): 37 - 49.

[128] Kamran S Moghaddam. Supplier Selection and Order Allocation in Closed-loop Supply Chain Systems using Hybrid Monte Carlo Simulation and Goal Programming [J]. International Journal of Production Research, 2015, 53 (20): 6320 - 6338.

[129] Kamran S Moghaddam. Fuzzy Multi-objective Model for Supplier Selection and Order Allocationin Reverse Logistics Systems under Supply and Demand Uncertainty [J]. Expert Systems with Applications, 2015 (42): 6237 - 6254.

[130] Karaboga D, Akay B. A Comparative Study of Artificial Bee Colony Algorithm [J]. Applied Mathematics and Computation, 2009, 214 (1): 108 - 132.

[131] Karaboga D, Oztruk C. A Novel Clustering Approach: Artificial Bee Colony (ABC) Algorithm [J]. Applied Soft Computing, 2011, 11 (1): 652 - 657.

[132] Ken Green, Barbara Morton, Steve New. Greening Organizations [J]. Organization & Environment, 2000, 13 (2): 206 - 225.

[133] Krishnan H, Kapuscinski R, Butz D A. Coordinating Contracts for Decentralized Sup-

ply Chainswith Retailer Promotional Effort [J]. Management Science, 2004, 50 (1): 48 -63.

[134] Lee H L. Material Management in Decentralized Supply Chains [J]. Billington Operations Research, 1993, 41 (5): 835 -847.

[135] Li H, Hu D W, Lan Z, et al. Study on the Warning System of the Green Degree Supply Chain based on the FAM-TOPSIS Method [C]. American Society of Civil Engineers (ASCE), CICTP 2016 (9): 13 -25.

[136] Ling Li, Bin Wang, David P Cook. Reprint of "Enhancing Green Supply Chain Initiatives via Empty Container Reuse" [J]. Transportation Research Part E: Logistics and Transportation Review, 2015, 2 (74): 109 -123.

[137] Lixin Shen, Laya Olfat, Kannan Govindan, et al. A fuzzy Multi Criteria Approach for Evaluating Green Supplier's Performance in Green Supply Chain with Linguistic Preferences [J]. Resources, Conservation and Recycling, 2013 (74): 170 -179.

[138] Meiling Luo, Gang Li, C L Johnny Wan, Rong Qu c, Ping Ji. Supply Chain Coordination with Dual Procurement Sources via Real-option Contract [J]. Computers & Industrial Engineering, 2015 (80): 274 -283.

[139] Miao Xin, Xi Bao. CAS-based Social Network Analysis for Collaborative Management in the Green Supply Chain Network System [J]. International Journal of Networking and Virtual Organisations, 2007, 4 (4): 446 -458.

[140] Mihalis Giannakis, Thanos Papadopoulos. Supply Chain Sustainability: A Risk Management Approach [J]. Int. J. Production Economics, 2016 (171): 455 -470.

[141] Mohammad Heydari, Kin Keung Lai, Xiaohu Zhou. Risk Management in Supply Chains [M]. Taylor and Francis, 2019.

[142] Mohammad-Bagher Jamali, Morteza Rasti-Barzoki. A Game Theoretic Approach for Green and Non-green Product Pricing in Chain-to-chain Competitive Sustainable and Regular Dual-channel Supply Chains [J]. Journal of Cleaner Production, 2018 (170): 1029 -1043.

[143] Netessine S, Rudi N. Supply Chain Structures on the Internet: Marketing-operations Coordination [R]. University of Pennsylvania Working Paper, Philadelphia, PA, 2000.

[144] Nikunja Mohan Modak, Shibaji Panda, Shib Sankar Sana, et al. To Collaborate or not to Collaborate: Prompting Upstream Eco-efficient Innovation in a Supply Chain [J]. European Journal of Operational Research, 2017 (260): 571 -587.

[145] Pazhani S, Ventura J A, Mendoza A. A Serial Inventory System with Supplier Selection and Order Quantity Allocation Considering Transportation Costs [J]. Applied Mathematical Modelling, 2016 (40): 612 -634.

[146] Raymond Kelly. Optimizing Your Supply Chain Performance [M]. Taylor and Francis, 2019.

[147] Rodolfo R M, Diana S P, JOSÉ Luis M F, et al. A Case Study: SMED & JIT Methodologies to Develop Continuous Flow of Stamped Parts into AC Disconnect Assembly Line in Schneider Electric Tlaxcala Plant [J]. 15th IFAC Symposium on Information Control Problems in Manufacturing. 2015, 3 (48): 1399 - 1404.

[148] Rui Zhao, Yiyun Liu, Ning Zhang, et al. An Optimization Model for Green Supply Chain Management by Using a Big Data Analytic Approach [J]. Journal of Cleaner Production, 2017 (142): 1085 - 1097.

[149] Scott J, Ho W, Dey P K, et al. A Decision Support System for Supplier Selection and Order Allocation in Stochastic, Multi-stakeholder and Multi-criteria Environments [J]. Production Economics, 2015 (166): 226 - 237.

[150] Seyed Reza Madani, Morteza Rasti-Barzoki. Sustainable Supply Chain Management with Pricing, Greening and Governmental Tariffs Determining Strategies: A Game-theoretic Approach [J]. Computers & Industrial Engineering, 2017 (105): 287 - 298.

[151] Simonov Kusi-Sarpong, Chunguang Bai, Joseph Sarkis, et al. Green Supply Chain Practices Evaluation in the Mining Industry using a Joint Rough Sets and Fuzzy TOPSIS Methodology [J]. Resources Policy, 2015 (46): 86 - 100.

[152] Syed Abdul Rehman Khan, Zhang Yu. Future Trends in Supply Chain [M]. Springer International Publishing, 2019.

[153] Taylor T A. Supply Chain Coordination under Channel Rebates with Sales Efforts Effects [J]. Management Science, 2002, 48 (8): 992 - 1007.

[154] Thoo Ai Chin, Huam Hon Tat, Zuraidah Sulaiman. Green Supply Chain Management, Environmental Collaboration and Sustainability Performance [J]. Procedia CIRP, 2015 (26): 695 - 699.

[155] Tsan-Ming Choi, Chun-Hung Chiu, Hing-Kai Chan. Risk Management of Logistics Systems [J]. Transportation Research Part E, 2016 (90): 1 - 6.

[156] Tsay A A, Narendra A. Channel Conflict and Coordination in the E-Commerce Age [J]. Production on and Operations Management, 2004, 13 (13): 93 - 110.

[157] Webb L. Green Purchasing: Forging a New Link in the Supply Chain. Resource, 1994, 1 (6): 14 - 18.

[158] Xiao Y, Yang S, Zhang L, et al. Supply Chain Cooperation with Price-sensitive Demand and Environmental Impacts [J]. Sustainability, 2016, 8 (8): 716.

[159] Xie J, Neyret A. Co-op Advertising and Pricing Models in Manufacturer-retailer Supply Chains [J]. Computers for Industrial Engineering. 2009, 56 (4): 1375 - 1385.

[160] Xu G., Dan B., Zhang X., et al. Coordinating a Dual-channel Supply Chain with Risk-averse under a Two-way Revenue Sharing Contract [J]. International Journal of Production

Economics, 2014 (147): 171 - 179.

[161] Xujin Pu, Lei Gong, Xiaohua Han. Consumer Free Riding: Coordinating Sales Effort in a Dual-channel Supply Chain [J]. Electronic Commerce Research and Applications, 2017 (22): 1 - 12.

[162] Y Li, M R Kramer, A J M Beulens, et al. A Framework for Early Warning and Proactive Control Systems in Food Supply Chain Network [J]. Computers in Industry, 2010 (61): 852 - 862.

[163] Yong K Cho, Fernanda Leite, Amir Behzadan, Chao Wang. Exploiting Music and Dance Notation to Improve Visualization of Data in BIM [M]//ASCE International Conference on Computing in Civil Engineering 2019, 2019: 295 - 302.

[164] Yun Huang, Kai Wang, Ting Zhang, et al. Green Supply Chain Coordination with Greenhouse Gases Emissions Management: a Game-theoretic Approach [J]. Journal of Cleaner Production, 2016 (112): 2004 - 2014.

[165] Zimmer K. Supply Chain Coordination with Uncertain Just-in-time Delivery [J]. International Journal of Production Economics, 2002, 5 (77): 1 - 15.

[166] ÖZGEN D, GÜLSÜNN B. Combining Possibilistic Linear Programming and Fuzzy AHP for Solving the Multi-objective Capacitated Multi-facility Location Problem [J]. Information Sciences, 2014 (268): 185 - 201.

[167] ÖZGEN D, ÖNÜT S, GÜLSÜN B, et al. A Two-phase Possibilistic Linear Programming Methodology for Multi-objective Supplier Evaluation and Order Allocation Problems [J]. Information Sciences, 2008 (178): 485 - 500.